U0503990

本书由上海交通大学人文社会科学成果文库资助出版

媒介与社会

新闻传播的视角

谢金文　著

中国社会科学出版社

图书在版编目（CIP）数据

媒介与社会：新闻传播的视角/谢金文著．—北京：中国社会科学出版社，2022．4（2024．12 重印）

ISBN 978－7－5203－9725－4

Ⅰ．①媒…　Ⅱ．①谢…　Ⅲ．①新闻学—传播学—研究　Ⅳ．①G210

中国版本图书馆 CIP 数据核字（2022）第 022957 号

出 版 人　赵剑英
责任编辑　陈肖静
责任校对　刘　娟
责任印制　戴　宽

出　　版　中国社会科学出版社
社　　址　北京鼓楼西大街甲 158 号
邮　　编　100720
网　　址　http://www.csspw.cn
发 行 部　010－84083685
门 市 部　010－84029450
经　　销　新华书店及其他书店

印刷装订　北京君升印刷有限公司
版　　次　2022 年 4 月第 1 版
印　　次　2024 年 12 月第 2 次印刷

开　　本　787×1092　1/16
印　　张　13.75
插　　页　2
字　　数　261 千字
定　　价　78.00 元

凡购买中国社会科学出版社图书，如有质量问题请与本社营销中心联系调换
电话：010－84083683
版权所有　侵权必究

目　录

第三部分 媒介与社会发展

尾声 媒介与国际社会

前　言

“媒介”是使人或事物发生关系的各种中介，在传播领域是指信息的物质载体。广义上的信息包括声音、图像、语言、文字等各种形式、知识、经验、思想、音乐、电影、小说等各种信息流。狭义上的信息，是指减少、消除人们对事物了解、认识上不确定性的东西。

传播媒介既延伸了人，也限制了人，进而对社会产生正面积极或负面消极影响。反过来，社会也对传播媒介、进而对个人、群体和组织产生促进和制约。深入认识这两者及其相互关系，在当今的媒介化社会尤为必要。

信息可分为事实性、意见性和情感性的，新闻是事实性信息的一部分，是真实、新鲜、传播对象需要的信息。新闻媒介是以新闻和时事评论（其中往往含有新闻或与新闻相关联）为主要内容的媒介，其中也会有其他内容。新闻媒介与社会的相互影响是最经常、直接和巨大的，本书便从新闻媒介的视角进行探讨，有别于以往从大众媒介视角的同类书。

从报刊到广播电视、网络手机，新闻媒介的信息量和传播力越来越大，并越来越多地融入文艺、生活、娱乐等内容。现在，网络、手机媒体还把各种新闻媒介融合在一起，并与人际传播、群体传播、组织传播及其媒介融合在一起，与人们的各种生活、学习、工作融合在一起，对人和社会的影响越来越大，包括积极正面和消极负面的影响，值得我们高度关注。

新闻媒介是新闻传播过程的中间环节，然而对新闻传播的许多基本问题，包括什么是新闻、新闻与宣传、与舆论有什么区别，新闻传播有什么要求等，仍流行着一些似是而非的看法，本书提出了自己的研究结果。

新闻媒介和社会的价值因人而存在，新闻媒介与社会的关系因人而产生，因此本书以专门章节讨论新闻媒介与人的关系，包括对人的直接影响，对社会群体心理的影响，与人类社会的关系。

新闻媒介是社会的神经和淋巴结，还有许多其他作用。本书从功能、表现、方式三个维度来考察新闻媒介的社会作用，并放在社会系统中来考察，揭示内部所以然和外部联系性，也使对新闻媒介的深入认识同时成为对社会的深入认识。

新闻媒介取决于社会需要和条件，不同的社会、不同的时期有不同的新闻媒介，反过来，新闻媒介又对社会有很大影响，因而新闻媒介是社会发展的重要标志和动力。我们不仅能从其内容而且能从其本身来看社会。也能从社会的目标、途径、任务、问题等，深入把握新闻媒介。

西方有不同的体制模式，与新闻媒介的不同关系，其中有经验也有教训。苏联曾影响了许多国家，包括当代中国，苏联的大起大落更值得我们关注，包括新闻媒介的经验和教训。有人从苏共亡党得出媒介控制不能放松的结论，却没有想过几十年里的媒介控制与苏共变质、苏联失败的关系。中国曾完全模仿苏联，也有过成功的喜悦和惨痛的教训，现在仍然任重而道远，新闻媒介也要进一步明确发展目标和路径。

全球化使国际社会、国际关系的影响越来越大，人类命运共同体不断面临新的挑战和机遇。新闻媒介直接影响国际舆论、国际关系，与全球化也密切互动。需充分发挥新闻媒介在优化国际环境、增进国际互信与合作、建设人类命运共同体中的积极作用，防止其消极影响。新闻媒介可展示国家形象，承载、打造、提升国家软实力。

以上思考是本书的核心内容，相信本书有助于解答如下问题：

媒介怎样影响人？

媒介与民主政治有何关系。

手机媒体对个人有什么影响？

新闻媒介私有、公有、国有分别有什么长处和短处？

新闻媒介在社会系统中处于什么位置？

为什么新闻媒介不能仅有宣传作用？

传播自由与媒介责任有怎样的关系？

为什么私有媒体也要承担社会责任？

社会发展的目标和途径与新闻媒介有什么关系？

社会发展不同途径中的新闻媒介有什么不同？

西方国家的新闻媒介有哪些特点？

苏联的新闻事业可以给我们哪些经验教训？

当代中国的新闻媒介有哪些长处和短处

全球化对新闻媒介有什么影响？

新闻媒介与人类命运共同体是何关系？

本书既是专著，可供有关的专业人员参考，又尽可能深入浅出，满足更多读者，并可用于媒介与社会、新闻与社会等课程。若以此书做教材，可把上述问题作为思考题，有的章节也可让学生自学。

谢金文

2021 年 5 月

第一部分

媒　介

第一章　传播与媒介

第一节　传播

一　传播学视野中的传播

1. 传播的含义

传播是信息的主要存在方式——信息在时间和空间中的移动与变化。

传播学中的“传播”一词，来源于英语的“communication”，既有单向的传达、传布、传染的意思，又有双向或多向的交流、交往、通讯、交通、沟通、信息共享的含意。而我们汉语中通常所说的传播，则只是由传者向众多受传者的单向扩散，如“传播力”、“对外传播”。

因此，“communication”不仅有信息的传送、播散、disseminate、spread;、transmission、publicity 的问题，还有接受、反馈、交流问题。如“传播自由”包含接受自由、申辩自由、反批评自由问题。而汉语“传播”一词在习惯性使用中的单向含义，则容易令人忽略接受、反馈、交流问题。这是我们新闻工作和管理中的常见病。

2. 传播的种类

人类传播可按传播主体，分为自我传播（或称内向传播，如内心矛盾斗争）、人际传播、群体传播、组织传播、大众传播。后四种传播中都有新闻内容。

人际传播指的是人际亲身传播，即个人与个人之间、主要为两个人之间的传播，可以是面对面的，也可以是通过电话、电子邮件等。

群体传播是社会群体的信息交流，如公共聚会，社区活动中的传播、演讲、通报、议论，网络社群中的传播等。

组织传播是政党、政府、企业、文教机构、社会团体等组织，即有一定目的和任务、通过一定的形式组合起来的群体结构，在其内部或与其他组织的传播交流。其中有自上而下或自下而上的纵向传播，与等级、地位、权力相近的传播对象之间的横向传播，有正式的传播和非正式的传播——如餐桌上、路途中的传播。

大众传播是通过大众媒介、面向社会公众进行的传播。这里的“大众”指的是广大的受众，而不是与精英人群、专业人士等概念相对应的普通大众。“大众”的“大”也是个相对的概念，现在随着大众媒介的增多，其传播对象出现了分群化或者说“小众化”的趋势。但相对于人际传播等等的传播对象而言，这种“小众”仍属于大众。

新媒体产生了混合传播，其中既有大众传播，又有人际、群体和组织传播。

传播还可按内容，分为新闻传播、政治传播、经济传播、文化传播、艺术传播，以及公关传播、广告传播、营销传播、环境传播、健康传播等。

二 传播的过程和环节

1. 传播的过程

一个完整的传播过程有七个环节：信息源、即原始信息，→传者、即传送者，包括个人和机构，→传播内容，→传播渠道、包括媒介和传输系统，→受者、即受传者，→传播效果，包括显性的和隐性的，→信息反馈。有的反馈又成为新的信息员，引起新的传播。

这些环节又有其自身的过程，如内容的形成过程，媒介的制作过程、受众的接受过程。

并非每次传播都有这样完整的过程。有的传者自己就是信息源，有的没产生传播效果——如报纸没人看，有的没得到反馈信息——这在新媒体诞生前是常态。但一个传播总是有传者、内容、渠道和受者，这四个环节被称为传播的四大要素，也是传播研究的主要对象。

2. 传播的环节

传者不仅起传送作用，还选择和加工制作传播内容。大众媒介的传者把信息编制成符号系列，如一系列文字符号组成文章，一系列声像符号组成电视节目。他们有“把关人”的作用，同时又受到各种主、客观因素的影响。

广义上说，传、受者也是信息传播渠道，狭义上说，传播渠道主要是物化的传播媒介，如通信工具、书报刊、广播电影电视等，也包括相应的发送、传输机构和设施。传播渠道处于传播的 7 个环节的最中间，具有承上启下的作用，是传播理论与实践的重点。

受传者并不是完全被动地接受，而是有选择地注意、理解和记忆。传播出去的符号到达受者以后，有些被丢弃了，有些被解读出与传者的原意并不一致的含义，有些后来又被遗忘了。

没有被丢弃遗忘的部分会产生一定的效果。有的效果是即时的、明显的、直接表现出来的，有的是长期的、潜在的、间接表现出来的。有的效果是与传者的意愿一致的，有的是与传者的意愿相反的。这些效果的产生，很大程度上取决于受者的需求、愿望、能力等个性特征。

反馈是从直接或间接的受传者产生反馈信息，传送到传者，如读者给报社提建议或接受报社的读者调查。许多反馈是无意中产生的，如读者购买或不买某种报纸，使报社感到了读者需要与否。有些反馈又成为新的原始信息，进入新的传播过程。显然，反馈会影响传者及其再传播，包括引起相应的调节，取得动态平衡，带来传播的高效，同时反馈也会产生误导信息。网络、手机等新媒体传播给反馈提供了很大的方便，越来越多的传播成为反馈之反馈。

3. 对传播过程和环节的影响干扰

由于传播会有较大的社会影响，还有舆论监督、议题设置、授予地位等功能，因而从信息源到信息反馈的整个过程和各个环节，都会受到许多人，尤其是政治、经济权力人物和机构的直接或间接的影响、干扰、控制。其中有的是必要、有益的，有的则起妨碍作用，甚至会产生严重后果。因此对传播过程和环节要有社会调控，以充分发挥传播的积极作用，防止消极影响。

传播学者还借用通讯术语，把有些干扰传播过程的因素称为“噪音”。例如消息报道中，传者的观点和态度就会成为“噪音”，因此消息的写作要把新闻与评论分开。

第二节　传播媒介

一　媒介、媒体、传媒

汉语地区从西方引进传播学词语时，对 medium 和其复数 media 有的都译为媒介，有的都译为媒体或传媒，后来的使用中也因地因人而异。如 media literacy 一词，在台湾译为媒体素养，香港译为传媒素养，中国大陆译为媒介素养。有时在同一篇文章里，这三词相继出现，但所指相同。为便于交流沟通和学科发展，窃以为可让这三词各司其职。①

1. 媒介

“媒介”在一般使用中，是使双方（人或事物）发生关系的各种中介，在传播领域中，一般与英文的 medium 相对应，指传播内容、或者说信息（广义上的）的物质载体。包括体语、服饰等实物媒介，击鼓、语言、军号、广播等声波媒介，烽火、信号灯、电影电视等光波媒介，包括书信、电话机、传真机、喇叭筒、情况简报等人际、群体、组织传播媒介，书、报、刊、收音机、电视机等大众传播媒介。

在具体使用中，媒介 medium 可指：

（1）作为单数名词，指单个的传播媒介，如一张报纸，一本杂志。

（2）抽象的类名词，即传播媒介的总和。如我们说“媒介是社会发展的标志”。

（3）大众传播媒介的简称。如我们说“媒介世界影响人的主观世界”。

2. 媒体

可利用“媒体”的“体”字，由“媒体”指大众传播媒介的集合体，即某一种、而非某一个大众媒介。如某家报纸，某种类报纸，报纸媒体，印刷媒体，电子媒体。这也是有约定俗成基础的，如我们说“第四媒体”、广告的媒体投放，我们不会把电话机、传真机等称为媒体，也不会把一本书称为媒体。

“媒体”在过去仅指大众媒介的集合体，而现在新媒体与非大众媒介也融合在了一起，如网络媒体、手机媒体、社交媒体中，既有许多大众媒介，也有人际、组织、群体传播媒介。

3. 传媒

“传媒”可以是大众传播媒介、媒体或传媒机构（从整个社会的宏观层面来看，传媒机构也是一种传播内容的物质载体——媒介）的简称，也可以是它们的统称。我们说传媒知识、传媒产业、传媒发展、传媒竞争，都指大众传媒，包括其中的媒介、媒体和机构，但不包括电信工具如电话机、电信机构如中国电信等。

为便于区分，在仅指大众媒介、媒体和传媒机构这三者之一时，尽可能使用更具体明确的“大众媒介”“各种媒体”“传媒机构”等。

4. 各司其职

如此区分后，我们可以更为准确地讨论一些问题。如“媒体融合”，仅指印刷

① 参见谢金文、邹霞《媒介、媒体、传媒及其关联概念》，《新闻与传播研究》2017 年第 3 期。

媒体、电子媒体、网络媒体等等的融合；“媒介融合”则范围更广，可指现在人际传播、群体传播、组织传播、大众传播等各种传播的媒介都融合在一起；“传媒融合”则既包含大众媒介、媒体的融合，又包含传媒机构的融合。

二　传播媒介的种类

1. 基本分类

按物理介质，传播媒介可分为非语言媒介、语言文字（语言的书面形式）媒介、印刷媒介、电子媒介（包括电影、广播电视、网络手机等）。还可从电子媒介中划分出数字化新媒体，从而又有传统媒体和新媒体之分。

按传播主体，即传者和受传者，传播媒介可分为个人传播、群体传播、组织传播、大众传播媒介。这里的“大众”是指广大公众，而不是与“精英”相对的“大众”。顾名思义，大众媒介就是面向广大公众的媒介，包括书报刊，广播电影电视，音像制品，各种新媒体，以及告示招贴、路牌灯箱广告等。非大众媒介则包括体语、烽火、军号、语言、书信、电话、传真、喇叭筒、内部参考资料、电话或视频会议系统等等。

按传播内容，可分为新闻媒介和非新闻媒介。广义上的新闻媒介是指能传播新闻性信息的各种媒介，包括公开的和非公开的、大众媒介和非大众媒介。狭义上的、即我们通常所说的新闻媒介，则仅指以新闻和时事评论（其中也有许多新闻性信息）为重要内容、连续传播的大众媒介，它们是新闻与传播研究的重中之重，因其量大、面广、速度快，因其经常载有重要的、及时的信息和评论，因其还包容了许多其他重要内容，还因其处于新闻传播的中间环节，承上启下的核心地位。

2. 传统媒体和新媒体

“新媒体”即数字化新型、新兴媒体。这一概念出来以后，此前的媒体被称为传统媒体，包括印刷的和电子的。

印刷媒体包括书籍、报刊乃至印刷广告，其中印刷新闻媒体有报纸和期刊。

电子媒体包括电影、广播电视和录音录像、网络媒体等，即利用电子技术，以电磁、电光、电子、微电子等为介质的媒体。其中电子新闻媒体始于电影——最早的电影是纪实的，在电视发展起来以后，其传播新闻的功能逐渐丧失。

广播曾大行其道，尤其是在第二次世界大战时期的“宣传战”中。但在电视发展起来以后，其市场总量一度大幅下降至三分之一左右，后来又以分群化（“小众化”）、贴身化、移动化服务而东山再起。

电视从无线到有线、地面到卫星，现在又与新媒体结合，发展成网络电视、手机电视、智能电视，功用扩展到购物、会议等，至今仍是影响最大的媒体，但其地位正受到新媒体的挑战。

所有新诞生的媒体相对于此前的媒体而言都是新媒体，如广播对于报刊、电视对于报刊和广播，但现在我们使用的“新媒体”这一概念，已约定俗成地特指数字化新兴媒体。广义上指所有以数字技术为基础的新型媒体，包括网络、手机、光盘、U 盘、数字播放器、硬盘录像、智能电视、电子阅读器等等。狭义上指其中用于大众传播的，即具有数字化、多媒体，可双向互动特点的大众媒介，包括网络媒体和手机等移动终端，它们一般也可同时用于非大众传播，并在很大程度上把各种传统媒体融合了进去。

有的传统媒体采用了数字技术，但其基本形态和性能并没有质的改变。如用数字技术制作和传输广播电视节目，在传统接收机上播放出来；如模拟电视机采用了数字技术，能自动搜台等等。这些仍不能属于新媒体。而当广播电视进入了互联网或宽频有线电视网，受众可以通过数字机顶盒（也可装在机内）自主点播、下载、保存，就有新媒体的性质了。

纵观传播历史，新闻媒介不断朝着更多、快、广、真和方便的方向发展，将来还可能出现生物技术为基础的新新媒体。

第二节 麦克卢汉的媒介理论解析

一 麦克卢汉其人

我们经常使用的“信息时代”“地球村”“酷”等词，其创造者就是媒介理论泰斗、加拿大思想家马歇尔·麦克卢汉（Marshall Mcluhan，1911—1980）。他的许多观点至今仍给人丰富的启示。

马歇尔·麦克卢汉 1911 年生于加拿大阿伯塔省埃德蒙顿市，在曼尼托巴大学取得学士和硕士学位，获奖学金到英国剑桥大学攻读英语文学，取得第二学士、第二硕士学位和博士学位。此后执教于美国、加拿大的大学，最后 1946 年来到加拿大第一学府多伦多大学，在圣·迈克尔学院教英语文学。当时人们对他的印象是衣着随便，丢三落四，清瘦的脸透出几分厚道。

1951 年，麦克卢汉出版第一本专著《机器新娘》，广泛分析报纸、广播、电影和广告产生的心理影响和社会冲击，受到《时代》杂志等关注。

1962 年出版的《古登堡星汉璀璨》和 1964 出版的《理解媒介——论人的延伸》，更是引起学术界的强烈震撼，并波及传媒界和北美社会。

《旧金山记事报》称之为“最炙手可热的学术财富”。《纽约先驱论坛报》称麦克卢汉是“继牛顿、达尔文、弗洛伊德、爱因斯坦和巴甫洛夫之后最重要的思想家”，是“电子时代的代言人，革命性思想的先知”。

到处有人请麦克卢汉演讲，听者如云。有报道说：他获得了人们“以偏执狂似的不可抗拒的信仰所赋予的、罗马祭师才享有的那种魅力”。不少大企业的领袖人物也乐于聆听麦氏的宣谕，通用汽车公司、贝尔电话公司都不惜重金请他发表高见，连房地产设计公司也一掷千金请他指点，还有企业预付 5000 美元，请他在电视上评说自己的产品……1969 年，连《花花公子》杂志也刊载了对他的长篇访谈。

多伦多大学拨出一套两层的房子供他做研究工作，建了麦克卢汉文化与技术研究所。

1980 年圣诞除夕，69 岁的麦克卢汉在连续发病后去世。

麦克卢汉的学说早就引起过很大的轰动。但他太超前了，在 1964 年，电视正处于蒸蒸日上之时，就对电视传播做出了深刻的批判。他的表述又往往是诗化的——他的思想就是诗化的，也就觉得只有用这样的语言才最能表达他思想。因而他的理论较难理解，也遭到不少人的质疑和否定，直到现在人们仍在做许多揣摩、探讨和争论。1980 年他去世后，一度被冷落弃置了。然而在他提出那些理论将近 30 年、他离开这个世界也有 10 年之后，诞生了国际互联网，使他的思想日益得到印证，人们又重新认识它们的价值和意义，全球掀起了新的麦克卢汉热。以他命名的研究所延续至今，成为传播学多伦多学派的中心。

参见本书附录二：《麦克卢汉：从世界之村走到世界中心》。

二　媒介是人的延伸

麦克卢汉认为，任何媒介都是人的延伸。轮子是脚的延伸，书是眼睛的延伸，电子线路是中枢神经系统的延伸……他的代表作《理解媒介》（1964 年）一书的副题就是“论人的延伸”（全书名：Understanding Media：The Extension of Man）。

他在该书第一版的序中写道：“在机械时代，我们完成了身体在空间范围内的延伸。今天，经过了一个世纪的电力技术发展之后，我们的中枢神经系统又得到了延伸，以至于能拥抱全球。就我们这个行星而言，时间差异和空间差异已不复存在。我们正在迅速逼近人类延伸的最后一个阶段——从技术上模拟意识的阶段。”

人又服务于技术。他在书中说“人仿佛成了机器世界的生殖器官，正如蜜蜂是植物界的生殖器官，使其生儿育女，不断衍化出新的形式一样。”

技术、理论也改变着人。“从生理上说，人在正常使用技术（或称之为经过多种延伸的人体）的情况下，总是永远不断受到技术的修改。”“我们的延伸会使我们麻木”。轮子延伸了脚，承担了脚的一部分功能，脚就变得麻木萎缩了。

总之，技术、媒介延伸了人的身体和神经系统，也改变了人的感知和交流方式，改变了人本身。

三 媒介即讯息（The medium is the message）

一般认为媒介就是传播介质，但麦克卢汉又惊世骇俗地提出：媒介即讯息。

这是麦克卢汉在《理解媒介——论人的延伸》的第一部分就提出来的，也是被探讨和争论最多的。笔者与麦克卢汉之子埃瑞克共事时曾问：您父亲为什么用这么“酷”（Cool）、或者说不清晰的语言来表达，令世界各地的学者们费这么多脑筋来理解。他说，他父亲早年是研究诗人莎士比亚的，认为有些丰富的含义只有用诗的语言才能表达。

确实，一图胜千言，诗句也能如此，文学形象的内涵甚至会比作者的原意还丰富。一千人眼中有一千个莎士比亚。笔者对“媒介即讯息”的解读是：

1. 一种媒介可成为另一种媒介的内容。如语言成为文字的内容，文字成为书信、传单的内容，书信、传单成为报刊的内容。现在报刊、广播电视都成了新媒体的内容。媒介要效力强、影响大，可通过被另一种媒介作为“内容”。

2. 各种媒介影响、创造着相应的内容。如没有电视就没有电视报道、电视转播、电视剧，没有新媒体就没有博客、微信内容和微电影。

实际上一种媒介还会改变其他媒介的内容，如广播之于报刊，电视之于报刊和广播，新媒体之于报刊和广播电视——许多报纸新闻正在深度化，许多电视节目正在现场化，以应对新媒体的挑战。

3. 媒介本身也能成为一种讯息，反映、标志着某种社会，某种时代，某种时代的人，预示着新的世界，甚至比任何媒介内容更深刻地反映和影响世界。

麦克卢汉做过一个比喻：媒介是窃贼，我们是看门狗，媒介的内容则好比是一片滋味鲜美的肉，破门而入的“窃贼”用它来分散“看门狗”的注意力。他提醒我们要注意媒介本身，不要仅仅关注媒介的内容。（详见麦克卢汉著、何道宽译：《理解媒介：论人的延伸》，译林出版社 2011 年 6 月出版。）

自左至右阅读的拼音文字、印刷媒体，培养了人们条分缕析的，线性化、逻辑化的思维，并形成分门别类的科学和崇尚权威的氛围；供整体、全息览视的象形文字、影视媒体，培养了人们总体完整的，非线性、形象化的思维，并形成天人合一的哲学和综合把握的医学；立体自由传播的多样符号、网络手机媒体，培养了人们发散跳跃的，包容性、创意性的思维，并形成全新的生活、学习、工作方式和多元化、娱乐化的社会趋向。

四　媒介与历史时代和“地球村”

麦克卢汉认为，人类传播经过了三个阶段：直接的面对面传播、间接的印刷媒介传播、虚拟的电子媒介传播，据此可把人类历史划分为三个时代：

第一个是部落时代，以直接的面对面传播为主。人们主要通过声音进行信息传播，包括口头的语言和其他各种发声。因此人们的听觉十分重要。各种声音从人的环境同时到达人的耳朵，人们不用按照一定的顺序来处理他们，就能感觉出其中的含义。甚至语言的词序也不是很重要。

如果你现在闭上眼睛，也许可以听到各种声音，并能辨认出它们是什么声音。如果这些声音换一个次序被你听到，你的辨认结果几乎是一样的。

麦克卢汉认为在部落时代，人们还在很大程度上依赖于其他各种感觉器官来获得信息，包括视觉、嗅觉、触觉，甚至味觉。那个时代是“感觉平衡时代”，全息传播时代。

第二个是“脱部落时代”，即印刷时代。公元 1450 年左右，德国人古登堡将中国造纸和油墨技术、朝鲜人使用的金属活字印刷技术结合起来，创造了金属活字机械印刷技术，标志着人类正式进入印刷时代。

一个重要结果是，人们改变了部落时代的感觉平衡，视觉在信息处理中处于绝对重要的地位。人们离开了群体也能获得各种重要信息——通过独自阅读。听觉、嗅觉、触觉、味觉不那么重要了。这种时代并非完全起源于印刷机的出现，文字、书写的出现，甚至语音体系的成熟，就意味着新时代的萌芽。

另一重要结果是，人们的思维也像书写和阅读文字那样，按顺序线性化了。这带来了对演绎逻辑的强调，对思想按顺序恰当排列的强调。而那些以部落时代的方式、不那么线性化地呈现的讯息，则日益显得怪怪的、支离破碎的，日益变得没有意义。

第三个是“重（新）部落时代”，也即延续到现在的电子媒介时代、地球村时代。公元1895年，意大利人马可尼和俄国人波波夫发明了无线电报，开辟了电子传播时代。电话、电报、电影、广播、电视等，极大地改变了印刷时代。

在电子媒介时代，传、受信息的方式转向类似于部落时代的全息传播。例如看电视时，人们对信息是全息摄入，与部落时代很相像，而不同于阅读时逐一地、线性化地进行。人们对世界上的重大事情几乎同时知道，并产生共同的情感。人们几乎都记得某一重大事件发生时自己在哪儿。因此人们像生活在一个“地球村”里。

而且在电子媒介时代，线性思维、演绎逻辑、阅读时的空间私密、信息充盈的感觉，都逐渐让位于电子时代的相反状态。思维方式更像部落时代：非线性化、逻辑性不那么强、更自然本能。麦克卢汉说，虽然他几乎始终反对这种变化，但这种趋势不可逆转。

五 冷媒介、热媒介

英文单词cool的新含义“酷”，正是来自麦克卢汉提出的冷媒介、热媒介之说。所谓冷媒介，是信息很不充分和完整、“低清晰度”（内容而不是形式的清晰度）、需要受者以自己的理解、想象等去充实的传播媒介，如言语、电话、漫画等。以此观之，“媒介即讯息”堪称酷毙了。

而热媒介是充满“数据”（data，指各种信息）的状态，具有“高清晰度”，没有多少空缺要受者自己去补充，如书籍、收音机、照片等。以此观之，新媒体大都不够酷。

麦克卢汉还把冷、热媒介的概念加以延伸，认为发达国家是热的，落后国家是冷的；油滑的城里人是热的，淳朴的乡村人是冷的（The city slicker is hot, and the rustic is cool.）。热媒介用于热文化还是冷文化，效果很不一样。例如收音机，用于冷文化或不重文字的社会，其影响甚为剧烈，而用于英国或美国这样的热文化里，很大程度上是一种娱乐。反过来，冷媒介用于热文化或偏重文字的社会，也会造成震荡。

许多人认为他对冷媒介、热媒介的划分显得依据不足，甚至有时自相矛盾，如把象形文字、会意文字、电影、广播归为冷媒介，把拼音文字、电视归为热媒介。但是他的思路仍能给我们许多启示。

例如可使我们想到，文字可让人们与传播内容保持一定的距离，有一定的思考时间和空间，具有旁观者之清；而图像则易使人卷入，使人感觉、情绪上升、甚至受情绪控制，而观察、思考较少，陷入当局者之谜，久而久之，还会影响到人的基本性格和行为，尤其是对正处于成型期的青少年。据调查，接触电视的时间在平均线以上、接触印刷物的时间在平均线以下者，为空想型（fantasy oriented），反之则为现实型（reality oriented）。这正是电视不易为人察觉的副作用之一。现在新媒体迅速扩大市场，印刷媒介则已趋于萎缩，冷、热媒介的理论令我们对此更加重视。

第二章　传统媒体与新媒体

第一节　传统媒体

一　报刊——最理性的新闻媒体

1. 报与刊

报纸是有一定刊名的连续出版物，一般定期出版，出版周期在一星期或以内。大多以新闻和时事评论为重要内容。散页不装订。出版周期在一星期以上的被称为刊，如周刊、旬刊、月刊等，其中有的也是报纸，尤其是周刊，其他则为期刊。

期刊又被称为杂志，有一定的刊名，连续出版。出版周期一般在一周或以上、一年以下。由于新闻传播的时效性要求越来越高，现在成为新闻媒体的期刊基本只有周刊。

报纸与期刊最初没有区分，就像啤酒和白酒。当初许多刊登新闻性信息的“报”也是本册状的，如中国清朝的“京报”；许多以议论为主的“报”其实是“刊”，如梁启超主编的《时务报》是旬刊、同盟会的《民报》初为月刊，后改为不定期刊。随着报刊市场的发展，报与刊日益发挥各自的特长，其不同的特点也逐步明显起来。

报刊曾经是新闻媒体的全部，因而报刊界曾经是新闻界、舆论界的代名词，英语中的 Press 由“压”延伸为出版、报刊、新闻界。Freedom of the press，过去被译为出版自由，现在被译为新闻出版自由。

报刊成为有很大影响的社会工具后，受到各种政治、经济力量的高度关注。许多领袖人物都对报刊高度重视，或直接从报刊起家。共产党领导国家，过去主要通过报纸。

天下大势合久必分、分久必合，报纸的厚报化吃掉了许多期刊，现在报和刊又都被合到新媒体里面去了。

2. 报纸的种类

报纸按内容可分为两大类。一是综合报，面向全社会。如中国共产党和民主党派的机关报，各地的晚报，综合性信息报，服务报，文摘报等。

二是专门报。其中又可分为专门对象报，如工人报、农民报、青年报、少儿报、老年报、妇女报、军队报、侨报等；专门事业报，如经济报、科技报、教育报、文化报、政法报、体育报；专门行业报和企事业单位报，如化工报、电子报、汽车报、计算机报、宝钢报、上海交大报等。

报纸又可分为收费的和免费的。现在卖报的收入对报社总收入一般影响不大，例如本世纪初，《纽约时报》售价 1 美元，而平均每份报纸带来的广告收入达 900 以上美元。然而免费对发行量和广告收入却影响很大。本世纪以来，主要由于新媒体的免费内容对收费报纸的冲击，免费报纸的总发行量大幅增长，而收费报纸则由盛转衰。

3. 长处和短处

与其他印刷媒体相比，报纸出版周期短、时效性强，价格低、发行量大、广告多。因而报纸可及时刊登新闻和时事评论，报纸的保存问题也让位于速度和经济性，至今仍主要采用粗糙的新闻纸和散页折叠不装订。

与广播电视和新媒体相比，报纸在通俗性、逼真性、感染力、冲击力和获取的方便性上都远远不如，然而仍有相对优势：可随身挟带、随时随地阅读；可方便迅速地、跳跃式地选择性阅读；可反复阅读、从容品味思考和做标记，因而内容可以深入、复杂、思想性理论性强，因而受众的文化程度、社会地位较高。

4. 新闻期刊

当今世界上公开出版的期刊有 10 万多种，中国大陆 2014 年近一万种，其中自然科学类的近一半，另一半中学术类的近一半。

期刊印刷质量好，又便于保存和查考。作为新闻媒介的一般为周刊，时效性上不如报纸，但可利用采写时间的相对充裕，更充分地收集、核对材料和分析、撰写、修改。美国《时代》周刊关于中国的报道，一般是由三个记者编辑花三周左右炮制一篇。

5. 发展趋势

在新媒体的冲击下，世界报业从 2004 年起由盛转衰。报纸调整内容，尽可能发挥自己的特长，避开新媒体的锋芒，如加强长篇、深度报道。报社则相继转型，成为多媒体内容提供者，而不只是报纸供应者。

在报纸进入“厚报时代”以后，期刊的主要长处日益被厚报吸纳，现又在很大程度上被新媒体取代。但期刊仍有内容精深、画面精致的相对优势。

活着，还是不活，现在成了许多报刊共同面临的问题。报纸的形态有可能消亡，但报纸的实质不会，或者说躯体不再，灵魂不死，涅槃为网络报纸、手机报纸等其他形态。

二 广播——最能一心二用的新闻媒体

广义上的广播（Broadcasting）包括电视，数字化广播抗干扰、高保真、可储存，正成为主流。狭义上的广播（Radio）仅指电台广播。

电台广播和电视相反，先有有线的，后有无线的。无线广播有调频和调幅的，调幅有短波、中波和长波的。广播曾经很辉煌，令报纸存亡成为问题。电视大行其道后，又令广播的存亡成为问题。

不过报纸和广播并没有死，而是扬长避短，东山又起。这并不等于说，是媒介就长生不老。电报传真今安在？唱片磁盘也已寝。报纸正在寒风中渐渐倒下，广播电视的今天和明天，也取决于它们自身的长短优劣。

1. 基本特点

（1）范围广，速度快。广播的范围广一是内容范围广，除了语言，还可兼容音乐、戏曲、广播剧等；二是地域范围广，可传至交通不达的地方，或边境以外；三是对象范围广，不受年龄和文化程度限制。

广播的速度快一是处理速度快，从采写到传送出去可很快完成，还可做现场直播；二是传播速度快。无线电波的传播速度为每秒钟 30 万公里，相当于绕地球七周半，与光波相同，比声波快 90 万倍，听众几乎在播出的同时收到。

（2）可“一心二用”，即非专注地接收。这大大节省了受众的时间，也使广播成为许多场合下唯一能用的大众媒体，如厨房里、车间里、商店里，散步时、开车时、做家务时。这是新媒体时代广播的最大优势。有个博士请裁缝来家做衣，令博士惊讶的是这个中年裁缝上知天文地理，下知鸡毛蒜皮，比博士还博士，原来他总是边做衣边听广播。

（3）成本低，可小众化。一是接受成本低，受众省钱省时。广播是大众媒体中接受成本最低的。一是经营成本低，利润率高。几个人就可以办一个电台，无需印刷发行或摄制。美国约有 14000 家电台，其中商业性的 11100 多家，平均每家不到 10 人，90% 以上都赚钱。中国所有媒体中，人均创利最高的是交通广播电台。成本低使广播可以免费和“窄播”——多频幅、小众化。

2. 与报刊相比

广播比报刊快速，逼真，传、受成本低，接受门槛低——文盲也行，可“一心二用”。但仍有短处：

（1）易逝。受众使用时难以仔细识记、推敲和思考，用后难以查考和保存。

（2）浅显，不便于表达数字性的和太复杂的内容。声音、画面的易逝，以及语音的模糊、一音多字，使广播电视在传播数字性和抽象、深刻、理论性内容方面不如报刊。

（3）被动。一方面，节目按顺序播，受众按顺序收，难以自主选择、跳过不想收的内容。另一方面，接受时比较消极，不如文字更能调动受众的主动思维和想象。

相对而言，电视的这些短处比广播更甚。不过数字化传播使广播电视可在一定程度上弥补这些短处。

3. 与电视相比

广播的信息量、逼真性、冲击力、感染力都不如电视。但仍有长处：

（1）成本低。制作、传播和获取节目的代价都比电视低得多。

（2）便捷。传者器材轻，录制简便，“出活”快，便于现场、即时报道。受者能随身挟带（现在 3G 手机可以上网看电视了，但画面太小，且收看费用高）。“越境”传播和接受也比电视方便。

（3）“杂波”少，可使受众更集中注意力。电视中，传者不打算传播的一些信息也传出去了，有时会干扰主体信息，犹如“杂波”，例如播音员的形象影响收听新闻。

（4）留给受众的想象余地大。电视图像往往限制了受众的想象空间，听音乐一般用广播而不是电视。

（5）更能“一心二用”——非专注地接收。电视也可只听不看，被当作广播，然而电视中的许多语言、声音是与画面配合的，不看到画面会难以理解。

三 电视——最感性的新闻媒体

电视被称为 20 世纪最伟大的发明之一，自 20 世纪 50 年代起逐步取代报纸和广播的老大地位，成为受众最多的新闻媒体。现已形成了卫星电视、有线电视、无线电视、网络电视交叉覆盖，天上、地面、地下立体传输。每年 11 月 21 日是联合国确定的“世界电视日”。

然而螳螂捕蝉，黄雀在后，现在新媒体又令电视也步报纸和广播的后尘，自 2011 年起，中国主要城市的电视机开机率下降。

1. 优点

（1）电视也如广播的速度快、范围广、获取成本低。画面使电视的信息量更大。

（2）电视的真实感、艺术性、感染力更强。不仅由于多了画面，还由于通过声、像、文字的组合，可产生特殊的效果。

与电脑和手机相比，屏幕大使电视有更强的现场感。现场直播，让受众参与节目过程，是电视在新媒体时代的制胜法宝。

2. 缺点

（1）电视也如广播的易逝、浅显、被动接受。而画面又使电视比广播离文字的长处更远，更难于传播抽象、深刻的内容，并且把受众更深地卷入表象之中，在接受时也更消极，不利于思考习惯、批判精神的养成。因此，一些社会责任感较强的电视台努力以新闻调查、纪录片等节目增加深度。

（2）虚假、片面、不良、误导性内容的影响力也强。“成也萧何，败也萧何”：画面带来的真实感强使欺骗性也更强，感染力强使煽动性也更强。

（3）画面还使电视的“杂波”——冗余信息较多，留给受众的想象余地又较小。

（4）电视器材多，设备重，录制繁，“出活”慢，现场传播、即时插播都不容易。且制作和传播成本高，难以小众化“窄播”。

不过数字技术、智能电视的开发利用正在改变电视的一些缺点。

3. 大众化

电视观众的平均文化程度较低，与之相应，电视内容的大众化程度比其他新闻媒体更高。这也是利弊相间。

有调查显示，文化程度较低者，看电视的时间多于文化程度较高者，这与其他新闻媒体正相反。与之相辅相成的是，电视的成本较高，需满足文化程度较低的多数观众，以获得一定的收视率和广告收入，其内容自然趋于大众化。

这一方面服务了大众，另一方面会在趣味格调上降格以求，排挤精英文化，思想观念上趋于传统、保守、符合流行，缺乏批判性、前卫性，甚至以低俗、血腥等吸引眼球。我们看到许多电视台按收视率末位淘汰的，正是《读书》等较为高雅的栏目。有人甚至称收视率为电视的万恶之源。这当引起电视人的高度关注。①

4. 广播电视的发展趋势

广播当充分开发特殊场合广播——如汽车内、车间里、随身听，特殊用途广播——如国际广播，以及专门化的“窄播”。西方中等大小的国家就有几千个广播电台，大的国家有一万多个，仅音乐电台，就有古典乐、流行乐、摇滚乐、爵士乐、乡村乐等各种专门电台。

电视在传送上更趋于数字化和网络化，接受上则趋于大屏幕、移动化（包括通过手机、平板电脑、公交车等）和智能化。越来越多的人用智能电视机或电脑、手机，从互联网上选看节目。他们可方便地在 N 多个节目源选择，因而节目竞争也将更趋激烈。

内容上，电视继续分众化和现场化，包括采用“公民记者”提供的现场内容和传媒机构的现场直播。同时利用智能电视，开展购物、会议等多种服务，提高开机率。

电视节目的制作也在逐步转向新媒体机构和各种制作公司，电视台的制作优势将仅限于即时性、大场面内容，如新闻、即时评论和现场直播。

广播电视台仍会有品牌优势、公信力优势，在当今中国还有政策优势。这可使他们继续以时事类节目称雄，并向新媒体领域反攻。

第二节　新媒体

新媒体是以数字技术为基础的新型媒体，可多媒体和双向互动传播。1998 年，联合国新闻委员会的年会上正式提出“第四媒体”的概念：继报刊、广播和电视之后，网络媒体成为“第四媒体”。此后又出现了“第五媒体”——作为大众传播收发端的手机。平板电脑、电子阅读器既是网络媒体的终端，又可单独存取图

① 中国改革开放之初播出电视剧《安娜·卡列尼娜》：高官卡列宁之妻安娜邂逅伯爵渥伦斯基，被唤醒了沉睡已久的爱情，不顾一切地私奔。安娜勇敢地告诉自己的丈夫一切实情，希望能离婚，但卡列宁以安娜放弃心爱的儿子相要挟，拒绝离婚。安娜已怀了渥伦斯基的孩子，却不幸流产，得了后遗症，又对酒与药物有了依赖性。渥伦斯基承受不了社会压力，开始对她冷淡。安娜卧轨自杀。该剧较为忠实于托尔斯泰的原著，让普通大众也能领略到世界名著的精华。然而当时在我国播出后，许多观众对追求个性解放、真挚爱情的安娜不是同情，而是唾骂，指责她背弃这么好的老公搞婚外情，甚至指责电视台伤风败俗，以致在很长一段时间里，电视台再也不敢播出类似的内容。

文和音视频内容。

新媒体使新闻媒介的积极作用和消极影响都日益增大。其信息沟通、意见交流功能都强于传统媒体，尤其是在反映民情民意和进行舆论监督方面。新媒体还有很强的议题设置功能。已有不少议题是由个人先传到网上，或在网上迅速得到大家的跟踪、扩展和深化，很快火暴起来，传统媒体再做出相应的呼应，形成网上网下互动。许多记者编辑经常从各种网站、博客等寻取报道和评论的线索。

新媒体的长处和短处也是相生相伴、对立统一的，新闻机构和社会管理部门都要重视，既利用又引导，公众也要有所了解，自觉把握。

一 网络媒体——规模最大的媒体

网络媒体是基于互联网的媒体，不是互联网本身，就像广播电视媒体不是收音机和电视机。网络媒体是互联网上进行大众传播的部分，但由于网上的大众传播往往与其他传播融合在一起，如新闻网站上也有电子邮箱的链接，人们谈论时一般并不区分。

以新闻和时事评论为重要内容的网络媒体就是网络新闻媒体。它们又是整个网络媒体以及网络公司的支撑因素。搜狐网的掌门人张朝阳曾说："新闻搭建的网站是一个多功能的平台，短信、游戏、商城这些消费者业务全以此为基础，而且媒体角色本身还能起到塑造公司品牌形象的作用。"

1. 性能特点，主要为两个"无"，两个"多"：

（1）无限容量。总容量无限，单个网站的容量和单篇文章的容量通过链接、跟帖等，也几乎无限。

（2）无限时空。传播速度快，随时随地，可长期保存；传播空间广，无处不达，无远弗届。

（3）多媒体。文、图、音频、视频、动画等多种媒体形态可同时并存，相得益彰。

（4）多重方便。包括方便地搜索，链接，点播；复制，储存，转发；修改，发送，反馈。

2. 应用特点，主要为四个"与"：

（1）综合与扩散。综合了人际、群体、组织、大众传播，点对面、点对点、多点对多点的传播。既可高度个性化，又可高度扩散化。不仅传播范围广，而且接收者往往通过网络再传播，形成多级传播、立体式"病毒式"扩散。

（2）虚拟与多元。空间虚拟，传者虚拟，真里有假，假里有真。与此同时，网络传播在 Web2.0 时代就有“去中心化”的特征，传统的权威、主流媒体难以坐拥昔日地位，有的甚至被边缘化了，而来自各方面的信息和意见大量涌现，草根“意见领袖”层出不穷，有些个人博客拥有几百万粉丝，超过许多大报。

（3）自由与自主。较少受制于传媒的物理性能和传播的社会环境。这有利于网络传播积极作用的充分发挥，又会带来控制难，垃圾内容、不良内容、侵权内容多等问题。大量的商业性网站、个人网站比传统的、事业性的传媒有更大的自主性。网民在海量信息中自主地搜索、选择，既不受传统媒体把关人的限制，又不受广播电视线性传播的限制。

（4）方便与互动。由上述性能的方便性带来相应的应用方便性，几乎可随时、随地、随意地发送和接收信息。人们可方便地成为大众传播的传者，带来大量的“自媒体”，草根参与，山寨内容，P to P 或 C to C 传播。传者和受者经常互动，许多传播成为信息反馈之反馈。

3. 功能特点

从上述特点可看出网络媒体的强大优势，由此也带来传播功能的强大，并产生传统媒体没有的许多新功能。

（1）个性化带来新功能。网络上的大众传播也可进行微内容传播，满足个别化需求，产生“长尾效应”①。这使信息和广告等宣传可更加分群化、精准化。

（2）远程化带来新功能。可进行远程群体传播，开展网络调查、电子商务、电子政务等。

（3）自由和自主带来新功能。如带来传播多元化、平等化、平民化，使公民新闻、公民评论大量涌现。如带来网络监督和传谣。通过媒体进行监督或传谣，这在有些地方并不新鲜，在另一些地方则还较新。在中国，网络监督特别火爆，2010—2012 年，反腐案件首次曝光于新媒体上的事件数量是传统媒体的 2 倍。这与传统媒体的不足也有关。同时，网上谣言在我国也特别流行。2012 年中国 100 件微博热点事件中，出现谣言的比例超过 1/3，许多传谣者与事件并无利益关系，是信以为真，且不认为可从传统媒体核实。

---

① 统计学中，正态分布曲线中间的突起部分叫“头”；两边相对平缓的部分叫“尾”。市场上的大多数需求集中在头部，这部分可称之为流行，而分布在尾部的是零散、小量的个性化需求，这部分差异化的需求会在分布曲线上形成长长的“尾巴”。所谓长尾效应就是将所有非流行的市场需求累积起来，形成一个也很大、甚至比流行市场更大的市场。

4. 问题和趋势

优点与缺点往往形影相随。网络媒体的无限容量带来信息泛滥，有价值的信息和意见往往难以得到足够的关注；综合性会令使用者分心，闲聊、娱乐过度，甚至陷入网瘾；扩散性使不该传播的内容也迅速流传难以收拾，如“艳照门事件”(某些香港影星的裸照被传到网上)；虚拟与自由也方便了虚假、不良、有害、侵权内容的传播。甚至自主也会有负面影响。如果选择时完全按自己的喜好，所选媒介和内容就会同质化，造成因“偏食”而“营养不良”；如果选择者能力有限，不能做出明智的选择，就不如遵从别人给做的选择。

网络媒体还有其他相对劣势，包括：①操作复杂。②电脑不易携带。③手机屏幕太小，其中信息的质和量都不理想，上网费用又较高。④接收终端会染上“病毒”，发作时无法使用。⑤长时间、近距离地使用电脑和手机，有损于眼睛乃至身体健康。

随着科技、经济和网络媒体的发展，以上优势会更加扩大，劣势会大幅度缩小。如上网费用占个人收入的比例不断降低，上网操作不断简化，乃至通过人—机语音对话。

这些都使网络媒体趋于更加随时、随地、和随意。同时，网络媒体还有最优化和多样化的趋势。网民能方便地从网上找到最优的媒介和内容，于是有关媒体和内容在自己的目标市场上要就好到数一数二，要救沦为不三不四，于是不能做到最好的只能重新定位，另寻目标市场，形成差异化、多样化。

二 手机媒体——最方便的媒体

手机不仅是人的延伸，而且是媒体的延伸，使各种媒体都能通过手机而随时随地、随心随意地传播，使媒体的服务延伸到贴身。于是手机成为人们最经常使用的媒体。[①]

手机不仅融入了其他各种媒体，还把大众传播与人际传播、群体传播、组织传播融合在一起，于是手机还带来人际、群体、组织、大众传播媒介的融合，以及传媒业与通讯、娱乐、商业、金融等行业的融合。

新闻机构纷纷将内容进行分类、浓缩，制作成适合手机传播。其他机构和个人也可通过手机面向社会公众进行传播，有些内容被随时纳入其他媒体。其他媒

① 参见谢金文《移动传播时代的新闻媒介及其传播力探究》，《媒体融合新观察》2020 年第 3 期。

体的许多内容又被手机向社交圈等转发，进入二级、多级传播。新闻报道也在更多地采用手机 + 网络、实时 + 滚动、业余 + 专业、微博微信 + 报道。

1. 传播特点

作为网络媒体的收发终端，手机媒体具有网络媒体的各种特点。同时，手机媒体又有自身的特点，其最大的优点是小，最大的缺点也是小，加上智能化，产生了一系列传播上的特点，主要为：

（1）便捷。可随身携带，接受贴身服务；可随时随地传播，及时收发信息；可方便地采集制作信息和选择、检索、储存、转发、评论。于是大大增加了传播的自由度、自主性和实时性、互动性，也增加了随意性和扩散性。

（2）综合。手机综合了人际、群体、组织、大众传播；综合了书报刊、广播电影电视和网络媒体。综合使手机成为媒体的延伸，成为功能最多、使用最多的媒体，使传播交流的覆盖面既广又密，并呈现群体化倾向。

（3）碎片。手机常用于碎片时间，同时把许多整块时间也碎片化了——不断被手机打断、切碎。与之相应的传播也往往是断断续续、零零碎碎的。

2. 内容特点

上述传播上的特点必然带来内容上的特点，主要为：

（1）来源多。于是信息和意见快而新、广而全。许多内容没经过把关人的过滤，一方面鱼龙混杂，另一方面有许多反映民情民意的内容和突发事件现场、舆论监督对象等稀缺内容。

（2）短而小。碎片时间、小屏幕难以容纳长而大的内容。于是短小精炼，在一定的时间内能有更大的信息量。然而又有内容广而不深的问题。

（3）碎片化、肤浅化、娱乐化。传播的碎片化可利用碎片时间，但使其内容也相应碎片化。加上短而小，又容易肤浅化、娱乐化。许多人在碎片时间，也倾向于接受碎片、肤浅、娱乐内容。

（4）个性化。手机使其用户方便地进行个性化选择，传者方便地进行个性化推送，一方面使个性化的内容更符合受传者的需求，但也会带来信息的范围受限、内容片面的问题，“信息茧房”和“意见回音壁”问题（详见本节第四目）。

上述特点给人们的工作和生活带来深层的变化，包括实现移动办公、可视电话、远程监控、增加社交范围和频度、充分利用碎片时间等等。但人们在整块时间中的阅读、思考、活动也不断被打断。碎片知识再多的裁缝仍然是裁缝，而人们的大量碎片时间、甚至整块时间要是被手机的碎片、娱乐内容占用了，排挤了深度阅读、思考的时间和习惯。久而久之，人们的思维习惯和能力也会出现相应的变化，趋于宽泛有余而深入不足，有广度而缺深度，一字形的而非T字形的。甚至人际关系也大大增加广度减少深度，也被碎片化了，人与人之间遥远的距离已不是“我在长江头，君在长江尾”，而是我在你身边，你在看手机。

3. 受众特点

（1）主动性强。手机媒体的受众不是信息的被动接受者，而是主动性很强的选择、使用和发送者。

（2）随意性大。他们的选择余地和收发信息自由度都很大，传播时的随意性也较大。

（3）受传播环境影响大。他们往往在人际传播、群体传播的过程中，或在碎片时间中接收和发送信息，传播内容和效果都易于受到他人的影响和时间短促的制约。

这些特点都会影响到他们的注意和认知，思想和情感，态度和行为，包括后续的传播行为，形成良性的或恶性的循环，并对传者带来很大影响。提高他们的传媒素养成为提升传媒社会效益的关键。

三　社会化媒体和社交媒体——最民主自由的媒体

1. 基本概念

社会化媒体（social media）是指非专门传播机构的、主要由公众自主参与而形成的，以用户创造内容、可多对多传播交流为基本特征的新型在线媒体，包括博客、微博、维基、播客、论坛、社交网、内容社区以及个人网站、微信公众号等。它们不同于传媒机构化的媒体，然而有些个人参与者的背后也有个团队，组织机构也可办博客、微博、微信公众号等，这些可属于广义的社会化媒体。

social media又被译为社交媒介，当指从古至今基于社交网络的各种传播媒介，除了电子的，还包括书信等。某些社交媒介被连续、广泛扩散，就有了公开、广泛传播的媒体性质。

社交媒体现在特指基于电子社交网络的媒体，包括微博、微信等。虽然微信的朋友圈、交流群大都不是公开、广泛传播的，但通过一再转发也可相当于公开广泛传播，具有媒体性质。

社会化媒体的概念早于社交媒体，两者既有区别又有联系。前者是相对于传播机构的媒体而言，主要从传者和内容生成来看，便于把握其内容特点；后者则不论是否传播机构所办，主要从传播渠道来看，便于把握其传播特点。

2. 主要形态

（1）自媒体

社会化媒体中多数为自媒体，即由用户自然形成、自主打理的媒体，包括个人网站、博客、微博、微信公众号等。

博客起初都是由个人自主打理的在线刊物，后来又出现企业博客。微博即微博客，可用简短的文字与人分享正在干什么、想什么及所见所闻，便于手机传播。不仅朋友之间分享与交流，有的微博已有很大的社会影响。一些“大微”——有众多粉丝的微博，读者人数已远超许多大报刊。

微信是腾讯公司于2011年初推出的免费即时通讯服务，2014年2月美国最大的社交网络Facebook公司花190亿美元购买的WhatsApp公司也是做类似业务。用户可通过手机和电脑，在线发送和接收语音和视频、图片和文字。微信可让用户共享内容，形成朋友圈、交流群和公众号平台，常被用于消息、评论和软广告推送。用户还可以通过搜索号码、扫二维码、摇一摇找附近的人等方式添加好友和进入公众号平台，转发内容给自己的微信社交圈。

（2）其他形态

网上论坛：用于在线讨论的平台，是最早出现的社会化媒体。

维基平台：维基站点就像一个公共数据库，人们可以在上面添加内容，或对现有的内容进行修订和增补。最著名的维基站点是维基百科——在线的百科全书，仅英文资料就超过150万篇文章。国内做得较好的有百度百科、百度知道、互动百科、和讯百科、新浪爱问等。

播客网站：可由个人提供视频和音频内容的网站。如视频类的优酷、土豆、酷6等。

内容社区：组织和共享某个特定主题的内容，有文字、照片或视频为主的。

社交网：如腾讯网、MySpace，Facebook、Friendfeed等。可在这类站点上建立个人的主页、公众号、朋友圈、社交群，供分享内容和进行交流。

3. 主要特点

与传统媒体和其他新媒体相比，社会化媒体、社交媒体主要有如下特点：

（1）开放。大部分社会化媒体让人们免费参与，感兴趣者都可提供内容和随时反馈。社交媒体更是高于所有其他媒体的自由度。用户创造内容，模糊了传者和受众之间的界限。这使内容更广泛、全面、及时，同时空前地平民化，能够更充分地反映民情民意。同时，传者大都缺乏专业训练，且鱼龙混杂，因而内容质量、媒体公信力往往不高，且会有许多不当利用，有害、侵权内容，以及“后真相”问题。

（2）新方式。如社群化——人们可以很快形成一个个社群，分享、交流共同感兴趣的内容。多级化——许多传播内容经过了多道转发。多点对多点——可在一群用户之间方便、及时地交流信息和观点，改变以往只能一点对一点或一点对多点地远程传播。但也产生“意见回音壁”等问题。

各种社会化媒体、社交媒体又因其用户的差异而有不同的特点，如论坛的内容较为宏大，微信的内容较为个人，微博介于两者之间。

4. 社会化媒体、社交媒体的新闻传播

社会化媒体、社交媒体在新闻传播方面也影响越来越大。它们有信息多元、直接反映民情民意和进行舆论监督等长处，也易于传播虚假、不良、有害、侵权内容，包括情绪化、过激性乃至别有用心的言论。

这些媒体的新闻传播更随时随地，多元化、广泛性更强，即时性、跟踪性传播更多。同时，用户的主动权和影响力很强，传者较容易倾向于迎合用户，而不是引导用户。

这些媒体中也有机构的传播，如政府微博、新闻微信公众号，同时又有大量内容来自个人用户，包括新闻和时事评论。这些个人大都为草根族，其内容反映了普通百姓的试点。这些内容在产生时没有经过组织机构的把关，具有原生态的直白和粗粝。许多内容来自新闻事件的第一现场，填补了新闻机构的空白，对我国尚无记者证的商业性新闻媒体尤为重要。

这些媒体中的许多新闻和时事评论是经过转发或层层再转发的，既会迅速扩散，又会有所走样。“掘井加了一个人”经过层层传话后会变成“掘井掘出了一个人”。

四　移动媒介的种类和特点

1. 移动媒介的种类

手机、平板电脑等移动终端早已成为媒体——传播媒介的集合体。它们又有微博，客户端，微信公众号、朋友圈、微信群等形态。

它们可分为机构媒体和自媒体。后者一般是个人传者的媒体，让个人能在互联网平台上自由发布社会热点、个人观点、评价建议等，并对感兴趣的新闻进行分享和转发。有些自媒体有一个小团队，一般不到10人，由于体量小，只能专注于某方面的内容。

它们还可分为内容生产型和内容聚合型，前者如微博、微信公众号，后者如腾讯新闻客户端、网易新闻客户端、“今日头条”等。

2. 移动媒介的特点

移动媒介除了有传播媒介的共同特点外，还有其自己的一系列特点。

（1）便捷。可随身携带，接受贴身服务；可随时随地传播，及时收发信息；可方便地采集制作信息和选择、检索、储存、发送、转发、评论。于是大大增加了传播的自由度、自主性和实时性、互动性，也增加了随意性和扩散性。

（2）综合。综合了人际、群体、组织、大众传播；综合了书报刊、广播电影电视和网络媒体。成为媒体的延伸。是覆盖面最广、覆盖密度最高的媒介，是功能最多、使用最频繁的媒介，是群体化、个人化传播的媒介。

（3）智能化。可搜索、储存、复制、转发等，大大延伸了人，解放了人。

（4）多功能。移动终端集社交、搜索、购物、媒体等等功能于一体，人们的媒体行为、新闻活动也因此而与这些其他活动相混合。传媒机构、传媒业的边界随之而模糊或消失，整个媒体的运作逻辑、管理模式正发生革命性变化。

（5）留痕。移动传播会留下受传者的痕迹，使传者能进行大数据分析，更有针对性地传播，乃至人工智能的内容筛选和推送。但这种留痕也会泄露隐私等。

中国的移动传播媒介中，又发展出微博、微信群、公众号、客户端 App 等传播媒介形式样态，它们又有各自的特点。

第三节　移动新闻媒介的主要形态

一　微博

微博就是微型博客，以文字、图片、视频等多媒体形式，实现信息的即时分享、传播互动，用户可通过手机、平板电脑等移动终端接入。2009年8月新浪网推出“新浪微博”内测版，成为中国大陆门户网站中第一家提供微博服务的。

微博有很大的便捷性、平民性、传播性乃至原创性，标志着个人互联网时代的到来，“沉默的大多数”在微博客上找到了展示自己的舞台。

微博方便了官民沟通、公益推广、公民参与、信息公开和辟谣，还产生了一大批很有影响的博主。即时交流工具如 Facebook、微信兴起后，微薄一度式微，后来又有回升，主要由于每家微博有着比较相似的读者，便于精准传播和广告投放。

二 新闻客户端App

移动新闻传播的媒介中，又发展出微博、微信群、公众号、客户端App等传播媒介形式，对新闻传播而言，App的影响尤其大。

可分三类移动新闻客户端App。一是门户网站类，由网易、新浪等传统门户网站所办。他们有品牌、推广便利、拥有较可观的用户群、较强的创新动力等优势，因而最先推出。二是传统新闻机构转型类。他们在新闻内容、传播渠道、社会关系和政策等方面都有一定的优势，如央视新闻。三是聚合类新闻app，以《今日头条》为代表。其个性化推荐开创了新的内容分发机制。

聚合类新闻app兴起最晚，但其人气后来居上，其他两类App也纷纷效仿。原因主要为注意力资源稀缺。在互联网时代，信息严重冗余，而人的注意力是有限的，用最少的时间成本获取最有效的信息日益成为用户的痛点，注意力日益成为可带来现实财富的稀缺资源。移动互联网带来的媒介和内容多样化，又加剧了注意的选择性——只关注某些信息或信息的某些方面。人们通常以自己原有的看法和兴趣为基础，选择性地接触媒介及其信息，聚合类新闻app一般就根据用户自选的兴趣范围和点击浏览记录——包括点击率、读完率，站外热度等信息，不断纠正对用户喜好的把握，实现更精准的个性化内容推荐。

聚合类新闻App的兴起也伴随着许多问题。首先是版权问题。这类App可以说是带着版权纠纷问题而生的。《今日头条》最初的口号是“我们不生产新闻，我们只是新闻的搬运工”，而事实上，其搬运的不仅是新闻，更是版权。北京市海淀区人民法院曾就腾讯网起诉《今日头条》的287宗侵权案做出判决，侵权全部成立。

基于用户兴趣的新闻推荐，采用机械的算法，使其他把关弱化、价值判断标准缺失，标题党与抄袭现象层出不穷。许多用户受到不良甚至虚假信息的侵扰。

追求这种推荐的精确性还会使内容的多样性降低，长此以往会导致用户接收信息结构单一，视野和知识窄化，形成“信息茧房”效应。

由于错误点击、一时猎奇等因素而关注的新闻可能并非用户的真实兴趣，基于此进行的推荐，可能使用户产生厌恶情绪。

和很多手机应用软件一样，聚合类新闻app通常也会读取手机其他应用信息，收集用户所处的时间空间等信息，通过数据之间的关联性，分析不同场景下用户的新闻需求，进行适时的新闻推送，从而提高用户的点击率和忠诚度，但又会带来侵犯隐私权问题。

三　微信等即时通信工具

微信、QQ、脸书等即时通信工具，带来点对点的人际传播、群体传播、公众号的“大众传播”、朋友圈的社交传播，以微信为例：

1. 微信群和朋友圈

微信群和朋友圈的新闻传播特点主要有：

（1）传、受者的关系较近，信息提供有分享和推荐性质，还往往伴有点评，较容易被相信、接受和转发，但又容易造成“沉默的螺旋”。

（2）传、受者的兴趣爱好、思想情感较近。这使信息提供的针对性较强，传播较精准有效。例如基于一定的爱好及互助关系而建立的微信群，也让有关新闻得以精准化传播。在境外代购微信群中，大家都会更关注汇率和海关政策等新闻。但在封闭的圈群内又容易造成“信息茧房”和“意见回音壁”，乃至形成极端舆论的聚合。一些可以随意进出和说话的群，例如同学群，信息和观点的差异会比较大，但也会随着群友的进出而趋同。

（3）缺乏把关。信息传播会有一些“把关人”，包括个人和组织机构，让符合一定规范或标准的信息通过筛选才被传播。

微信群以弱关系为主，强关系为辅；朋友圈则以强关系为主、弱关系为辅。在强关系的传播中，传者的自律有很强的把关作用。而在群友关系娇弱的微信群里，群友往往来自不同的地域，有着差异较大的知识背景和社会经验，接触的新闻来源丰富广泛，于是传播内容较为丰富多样。然而其中的群友有一定程度的匿名性，个人自我形象管理的倾向较弱。将不大确定的新闻发送在彼此互不相识的微信群中，比发送至有强关系、高认知度的圈群中，自我形象损伤的修复成本较低。于是信息传播可较随意，多种类的新闻和评论容易出现的同时，也更容易传播虚假新闻和偏激言论。而微信群主的管理权和精力有限，无法对海量的和已经传播的虚假新闻进行有效把关。①

---

① 王思宇、薛可：《试析微信社交群内的新闻传播现象》，《新闻传播》2017 年第 9 期。

2. 微信公众号

微信公众号可分为传统媒体新闻类、门户网站新闻类、机构公关广告类、个人经营类。以新闻和时事评论为主的公众号有传媒机构办的和个人办的，其传播优势有：

（1）即时，多为第一手信息。

（2）精准，因内容的细分程度高。

（3）多元多样。因创办主体众多，内容种类和形式众多。

四 移动视频

移动终端的视频传播包括电影电视、生活片段等，这里仅探讨由短视频发展起来的新闻性视频。

短视频符合移动传播碎片化特点和高效获取信息的需求，随着第四代移动网络 4G 迅速发展起来，很快走向主流。据《2018 中国网络视听发展研究报告》，截至 2018 年 6 月，中国网络视频用户已经达到 6.09 亿，占网民总数的 76%。2019 年中国颁发了 5G 商用牌照，又将大大推进短视频、长视频新闻传播和视频直播。

1。短视频新闻传播的特点

与电视报道、纪录片、专题片等相比，短视频有如下特点：

（1）内容简单化、碎片化、即时化

短视频新闻不需严格遵循传统视频的形式框架和叙事逻辑，删除了冗长多余的信息，开门见山，一目了然，呈现简单化和高效率传播的特征。虽因时长原因，大多无法完整阐述事件，然而通过将若干短视频进行组接，可赋予新闻崭新的叙事空间。

同时，短视频以秒为单位，时长在几秒到几分钟之间，与当代节奏同频，填补了人们的碎片时间。

此外，由于新闻生产者的广泛和生产流程的简化，短视频新闻有很强的即时性，让受众能在第一时间获取最新新闻，弥补了电视的不足，尤其在报道突发性事件时。调查对象表示，时效性强、内容有趣和短小简洁是他们爱看短视频的主要原因。

（2）生产多元化，传播社交化、高效化

短视频内容单一，形式不拘一格，拍摄简单容易，谁都能轻易提供，因而能具有多元视角，还能提供很有价值的事实证据。

短视频基本在移动终端传播，可点赞、评论、转发，可在多个社交平台转发共享和实时互动，如连接微博、微信等。有研究发现，短视频平台在社交媒体上的播放量和评论数要远远高于自己的客户端上。

轻量化的视频传播促使生产者主动删减干扰和无用信息，抓取和发布重要而有吸引力的内容，从而增加信息传播强度。这种观点鲜明、内容集中、直奔主题、指向定位强的特征也符合了当前快节奏生活和高压工作下，多数人自由截取信息的生活习惯和追求短平快的消费方式，易被受众接受和认可，使得信息送达和接受度更高，从而形成有效而持久的传播力和影响力。①

（3）局限性

短视频的叙述能力和视觉冲击力叫有限。许多视频的内容和画面质量都很业余。碎片化的传播还容易以偏概全，有片面性，乃至被故意用来歪曲事实。匆忙的、业余的、随心所欲的视频往往事实不清、交代不明，甚至被移花接木、用来编造事实。加之其传播途径大都在缺乏把关人的社交媒体，其负面影响很难得到及时有效的控制。在国际传播中，这种片面和别有用心的制作更容易被相信，更难得到纠正。

2. 视频新闻直播

近年来，视频直播也迅速兴起。它们与电视直播相比有如下优缺点：

优点：视频直播的提供者众多，包括专业的和业余的；拍摄制作的条件限制少，内容丰富；播出不受时间段和长度的限制；受众可积极参与、随时互动。

缺点：有时信号不佳、卡顿甚至中断；画面质量也不是很好，包括清晰度、抖晃、取景角度等问题；内容同质化，低俗化。

随着5G的推广，将有更多的专业机构和人士加入视频传播。有些问题会在优胜劣汰中逐步解决。视频很可能成为新闻的终极传播形式，也成为传统媒体转型的最后机会。

第四节　媒体融合

一　媒体融合

数字技术带来报刊、广播电视、网络媒体、手机媒体等相互交叉与融合，起

① 栾萌飞、薛可：《基于5W模式的短视频新闻传播特征研究》，《新闻研究导刊》2016年第24期。

初是传统媒体与网络媒体交叉融合，移动终端又将电话、报刊、广播电视等其他媒介形态融入其中。

媒体融合使各种媒体形态优势互补，方便程度和传播效果最大化，产生融合效应。并形成融合媒体——融合了多种媒体的媒体，如综合性网络、手机媒体。其中的内容既有官方的，又有民间的，既有图文的，又有音视频的，既有大众化的，又有分群化、“小众化”的；其中的新闻既可以是新近发生的事实报道，也可以是其他各种真实、新鲜、受众需要的信息。传播方式从我传你受，日益转向我供你取。可以大量、超量地供。所供的应是受者要取的，而不能只是传者要供的。

媒体融合使地方性媒体可成为全国性、全球性媒体，也带来全国性、全球性媒体的更多竞争。同时使传统媒体可与新媒体结合，也带来新媒体的更大冲击。地方性传统媒体机构正在集合区域内容和市场优势，品牌和人才优势，网络媒体的无限容量、无限时空、多频道、多媒体优势，以及手机等移动终端的随时随地随意优势，开发各种各样的融合媒体产品。

二 其他融合

媒体融合的深入发展，又带来许多其他融合。

1. 传媒融合

媒体融合带来采编和经营业务融合，内容、渠道、平台、管理以至产权融合。可以用一个更大的概念来概括所有这些融合——传媒融合。

2. 与其他媒介、行业融合

新媒体不仅与其他大众传播媒体融合，移动终端又融合了人际传播、群体传播、组织传播、大众传播及其媒介，各种传播在移动终端随时切换。由此又融合了传者和受传者，两者的身份在移动终端随时转换，融为一体，合称用户。

这些融合改变了传播的主体、客体和载体，改变了传播的方式、方法和效果。这些融合又带来传媒业与电讯、娱乐、商业、金融等其他行业的融合。各种行业在移动终端获得新的机遇，并相互影响，改变了传媒格局、行业格局乃至社会格局。

第三章　新闻传播与新闻媒介

传播是新闻存在和产生作用的方式。一个社会对新闻传播的认识，直接影响着新闻媒介与社会的关系，影响着新闻媒介积极作用的发挥，消极作用的防止。

第一节　新闻

一　何谓新闻

1. 新闻是一种信息

信息（information）从广义上说，是物质与能量的存在和运动所发出的各种讯号，包括观点、知识、经验等经过大脑处理的产物。各种声音、图像、语言、文字等，都是信息的形式。知识、经验和思想，音乐、电影和小说等，都是信息流。信息与物质和能量并列，构成人类生存环境的三大基本因素。

狭义上说，即我们通常所说的信息，是减少、消除人们对事物了解、认识上不确定性的东西。例如关于高校招生录取分数线的报道，消除了人们对这方面的不了解、不确定。这种信息越是具体明确，就越能消除不确定性，质量就越高。

新闻属于狭义上的信息。因而新闻报道中，“日前”“闹市中心”“一个中年人”等，就不如“昨天”“南京路上”“一个中年男子”等来得信息质量高。

信息有事实性、观点（意见）性、情感性信息之分。事实性信息是关于事实的存在，观点性信息包括学术论著、理论文章、杂文时评、演讲报告等里面的各种观点，情感性信息包括感情、态度和情绪。

新闻是事实性信息。观点和情感作为一种事实也可进入新闻，但其本身不是新闻。新闻还必须完全符合事实，不能在事实的信息上添油加醋，不能有任何虚构，否则即使不完全是假新闻，也是虚的，也属虚假之列。

可见新闻的本源，即根本源头，就是事实。事实没有正确错误之分，而有真假之别，准确不准确之别。因而我们强调新闻必须真实准确，而不是正确。

新闻又是有新闻价值的信息。新闻价值是由信息中含有的“真实、新鲜、传播对象需要”的素质所构成。由此可得出新闻的定义。

2. 新闻的定义

广义上的新闻是指以各种形式存在的有新闻价值的（或者说真实、新鲜、传播对象需要的）信息。这里的“各种形式”包括口头、书信、文件、微信或大众传媒等各种媒介中的，演讲、新闻发布会、新闻公报、时事评论、报道作品等各种形式中的，经过或未经公开传播的。“火车相撞了！”“这里地震了！”这样的信息在第一时间发出时，不论是口头的还是书面的、短信的还是视频的，不论是通过手机、互联网还是广播电视，都是新闻。许多人不看不听报刊和广播电视中的新闻，不是他们不要任何新闻，而是从其他渠道得到了获取成本（包括钱和时间精力）更低或令他们更感兴趣的新闻。

狭义上的新闻是指有新闻价值的报道，包括标题新闻、图片新闻、一句话新闻及其他各种报道，如我们常说的头版头条新闻、新闻写作、新闻奖等。它们是广义新闻的一部分，但其传播对象不是很少、个别人，而是广大受众，因而其定义应该是：真实、新鲜、受众需要的信息。[①]

移动传播的分群话、个性化、碎片化、“长尾效应”，使许多不为大众媒介所关注的信息也得到了传播，如知情者的揭秘，路人拍的现场视频。还有许多新闻性信息存在于新媒体、包括社交媒体上的评论中。

在传统媒体时代，人们对大众媒介中报道的新闻更关注，而在新媒体、移动传播时代，在社交媒介大行其道的当今，大众媒介以外的、报道以外的新闻传播十分方便，其数量和影响与日俱增，犹如大众媒介以前的时代。这也是一种螺旋式上升、波浪式前进，需要我们及时更新新闻的概念，及时重视广义上的新闻，更好地搜集、发现、制作、研究、利用那些零散片段的新闻，长期存在、正在发生、将要发生的新闻，人际传播、群体传播中的新闻，聊天、演讲、评论等媒体报道以外的新闻。

① 以上参见谢金文《移动传播中的新闻：概念、特点和真实问题》，《青年记者》2020年4月号。

二 新闻的种类和特点

1 新闻的分类

按时间，新闻可分为突发新闻和日常新闻。前者如战争爆发、政变发生、交通事故、意外灾害等。这类新闻往往在新闻传播中被置于突出位置，对时间有精确的交代。后者如事件进展、要人动态、行业状况、气候物价、生活变化、社会问题等，这类新闻数量更多，对时间的交代一般只要准确，难以或无须精确。此外还可分出即时新闻、预告新闻、预测新闻等。

按地点，新闻可分为校园新闻、本地新闻、国内新闻、国际新闻或世界新闻等。许多新闻媒介正是以此来设立新闻版面或广播电视新闻栏目的。

按内容，新闻首先可分为狭义上和广义上的新闻，具体又可分为政法、经济、文化、社会新闻，科技、教育、军事、环保、医疗卫生新闻，时尚、旅游、娱乐、体育新闻等等。许多新闻单位正是以此来设立各个采编部门和媒介版面、栏目的，有些大学的新闻系也据此设立相应的专业和课程。

按载体，可分为文字、图片、音视频新闻，报刊、广播电视、网络手机新闻。

按形式，可分为消息、特写、通讯等各种体裁的，即时报道、跟踪报道、综合报道、连续报道等各种类型的，客观报道、主观报道、深度报道预测性报道等各种方式的，以及电子媒体的专题报道、直播报道、实况转播、纪录片式等。

按性质，可分为公益性、宣传性和商业性新闻。公益性的是以公共利益为目的，其主要特征是注重新闻价值；宣传性的是以宣传影响为目的，其主要特征是用事实说话；商业性的是以盈利为目的，其主要特征是令人感兴趣。这三种新闻有交叉关系。

还可按新闻与受众的关系，分为硬新闻和软新闻；按好消息还是坏消息，分为正面新闻和负面新闻；按新闻来源，分为官方新闻、民间新闻、公民新闻；按新闻媒体，分为报刊新闻、广播电视新闻、网络手机新闻。

2. 正面新闻和负面新闻

我们一般把物体的向上、向阳的一面称为正面，把向下、背阴的一面称为负面，延伸到对其他事物的指称，如把新闻分为正面新闻、负面新闻，前者指工作成果、发展成就、先进事迹等“好消息”，后者指天灾人祸、危机冲突、社会阴暗面等“坏消息”。

许多人认为，正面新闻有正能量，能产生正面作用，负面新闻则相反。实际上并不那么简单。

正面新闻也会有粉饰掩盖、麻痹误导等负面作用，成为负能量。如片面的、夸大的、极端化的新闻宣传，会有失于新闻的真实、全面和客观，形成错误认知，还会令人有被骗之感，对整个宣传产生怀疑。一定时期内过量的新闻宣传又会引起人们的腻烦情绪和逆反心理。正面内容的报道也会传播错误的思想观念和作风。如对急功近利、不中规律、盲目蛮干的宣传，对劳民伤财的面子工程的宣传，对极端民族主义的宣传，把工作成绩归功于错误路线的宣传。负面新闻则也会有认知、警示、教育、监督等正面作用，构成正能量。

在任何社会中，都有负面的和正面的情况，只有全面地报道，才能让人们对环境有全面的认识，准确的把握，做出正确的决策和行动。

这并不等于说，正面新闻与负面新闻的比例，一定要按现实社会中的那样。“好事不出门、坏事传千里”，负面新闻比较容易引起人们的关注，人们通过微博、微信转发的新闻，负面的远远多于正面的。西谚云：“Good news is bad news.”（坏消息是好新闻。）另有言：“No news is good news.”（没新闻就是好消息。因为没有坏消息）。西方媒介中，负面新闻占很大比重，在美国往往达一半以上，许多受众也习以为常。知道媒介中的世界与客观世界的差异，是媒介素养的一种表现。

当然，我们在具体处理负面新闻时，也应考虑传播效果，进行适当的安排。如果在一个时期内对某一个地方的大量报道都是负面新闻，人们对这一地方就会产生负面的总体印象，尤其是接触负面新闻较少、还不太习惯的受众。

3. 新闻的信息特点

新闻是信息的一种，首先有信息的基本特点：

（1）客观性。信息是一种客观存在，如新闻信息源于客观事实。

（2）多样性。同一种信息可有多样的表现。比如“我高兴”这一信息，可通过我的笑容或笑声、我的说或写、我的照片或录像等多种方式表现出来、传播出去。

（3）扩缩性。信息可以被不断增加、丰富、扩充、发展，也可以被减少、提炼、压缩、简化。

新闻还有信息的使用特点

（1）相对性。信息在不同的地方、时间，对不同的人，有不同的质量、价值和用途。上海的天气预报在北京没多少用。今天的新闻到明天就会成了历史记录。报刊上的新闻对许多人是新鲜的，而对经常听广播看电视上网的人往往就只是旧闻了。正是由于信息的这种相对性，新闻价值也就有了相对性。

（2）共享性。信息可以被众人共享，不会因为使用而减少或降低质量。一般来说共享者越多，效用越大。但也有例外，如魔术诀窍。

4. 新闻的自身特点

新闻性信息首先由新闻价值，即真实、新鲜、传播对象（或受众）需要。狭义上的新闻还有其他特点：

（1）时效性。仅在一定的时间内有效，越及时效果越大。因而新闻报道要迅速及时，越快越好。既不同于宣传要讲究时机、选择适当的时候进行传播，也不同于文学可以隽永，值得反复修改提炼，“十年磨一剑”。因而新闻报道、新闻媒介的制作和更新周期较短，并尽可能快速地送达受众。

（2）公开性。非公开的新闻如内部参考、情况简报中的，不属于狭义上的新闻。公开不仅能冲破阻挠封锁，迅速广泛地传播，还能产生特别的效果，如公之于众后产生公论，如对被揭露者产生强大的舆论压力。当然公开也会扩大负面影响。

（3）主客观统一。好的新闻报道应客观反映事实，但仍会带有主观性。材料的选择，内容的加工制作，包括角度、主次等安排，词语、编辑手段等使用，都不免带有主观的影响。深度报道还要积极发挥主观能动性。作为新闻的传者，要尽可能排除自己的观点、态度、情绪等产生不适当的干扰，避免自己的主观性损及新闻的客观性。而作为新闻的受传者，要了解即使是看起来很客观的报道，也可能暗藏主观玄机。

5. 新闻不是大海全貌，只是瞭望报告

人们的注意力是有限的，每个新闻媒介的容量也是有限的，新闻只能反映真实、新鲜、传播对象需要的信息，不可能反映社会的全貌。不了解这一点，会造成很大的误解。

2013 年中国发生了多起病人或其家属打伤、杀死医务人员的事件，有人怪罪媒体过多报道了医院的负面新闻，导致医患关系（医疗机构及其人员与病人及其家属的关系）紧张，成为医闹泛滥乃至残害医生的“元凶”之一。

其实，如果那些报道是真实、新鲜、受众需要的，媒体的报道并没有错，对于引起社会关注，对于加强监督、减少类似事件的发生、从根本上改善医患关系等，也是有好处的。然而又确实会使许多人过于看“黑”。这就需要公众对新闻和媒介的特点有所了解，同时新闻传者也要顾及其他的新闻传播要求，尽可能避免造成不利的社会影响。

要求新闻媒介中负面新闻所占比例，与社会中正面情况与负面情况的比例相当，也是不符合新闻规律的。许许多多飞机在正常飞行，安全到达，这些飞行信息成不了新闻，某一架飞机掉下来了，便成了新闻，许多人想了解怎么回事、什么原因等等。可见坏事更容易成为新闻，尽管他们在事物总数中的比例只占很小一部分。

更好的办法，应是让人们正确地认识新闻。如果把社会比喻为大海，那么新闻媒介只是瞭望塔，新闻只是瞭望报告，而不是大海全貌的反映。

如果把新闻报道中的人和事比喻为汪洋大海，新闻媒介仍只是瞭望塔，新闻仍只是瞭望报告，而不是人和事的全貌。并且也不是文学中的典型人物或典型环境、可由一斑窥全豹。

如果报告说，前面有条鲨鱼，或一块礁石，不要认为大海里到处都是鲨鱼或礁石。

如果报告的95%以上是风平浪静、阳光明媚之类，估计没人会一直关注。这也正是我们许多新闻媒体吸引力不强的原因之一。

西方媒体关于中国的报道中，怀有敌意的确有之，但西方大多数新闻媒体是商业性的，吸引眼球、赚钱对他们更重要，他们对自己本国的报道，也是负面新闻占很大比例。

三　新闻的作用

新闻的作用主要有：

1. 反映及相应作用

从新闻的本源（事实）来看，新闻可反映事实、反映环境、反映世界，反映问题、反映舆论、反映民情民意。进而带来沟通作用，瞭望社会作用，舆论监督作用，实现公民的知晓权、监督权，也是实现参与权、表达权的基础——不了解情况就没有发言权，也就无法参与。可见新闻是民主政治、民主社会建设的重要条件。通过反映，还可起到记录活的历史的作用。

2. 告知及相应作用

从传者来看，新闻有广而告之的作用，可让人及时了解真相实情。进而可带来宣传作用，用事实来树立形象、证明观点、影响人们的思想和情感、态度和行为，如影响舆论。

“事实胜于雄辩”，新闻的事实性使宣传容易被接受，现在的受众已有很多的选择余地，很大的选择主动权，追逐受众的单纯宣传越来越难以追到受众，而新闻则是许多受众追逐的对象，容易得到受众的关注和选取，发挥新闻的宣传作用日益成为重要的宣传方法。

然而也要防止为宣传而进行片面报道，甚至故意夸大或缩小、歪曲或颠倒、隐瞒或编造事实，损害反映作用，丧失媒体的公信力、传播力，从而也丧失宣传的影响力。

3. 了解及相应作用

从受传者来看，可通过新闻了解信息、获得知识和资讯。进而认识世界、让主观符合客观，以及得到消遣（尤其从软新闻）

移动传播中，受传者还通过了解后的转发，产生①个人表达作用——许多移动用户看到符合其看法的新闻，便产生转发的欲望，通过转发显示自己的态度或印证自己的看法，这也是一种表达；②社交作用——许多用户把转发新闻作为一种社会交流，一种对他人的馈赠，接受者除了接受信息，也接受了传者的善意，增进了对传者的了解。

4. 建构媒体及相应作用

从媒介来看，可通过新闻获得注意力，提高吸引力和公信力、知名度和美誉度、传播力和影响力。进而创造社会效益和经济效益、包括带来广告投放。中国最贵的日常广告发布机会，就是中央电视台每天新闻联播节目后的时段。新闻媒介的许多其他作用，如瞭望社会、设置公众议题、授予报道对象地位等等作用，也主要是通过新闻实现的。

可从三个维度来看新闻媒介的作用：一般（普遍性）功能带来一般作用，具体（特殊性）功能带来具体作用、也即具体表现出来的作用，具体功能的发挥方式带来相应作用。[①] 显然，新闻是新闻媒介许多作用的重要来源。

第二节　新闻价值

一　新闻价值与新闻的价值

新闻价值是新闻中所含的、对于使信息成为新闻有价值的东西，也即新闻的真实、新鲜和传播对象需要。新闻价值应是报道者选择新闻的重要标准，否则就

---

① 参见谢金文《新闻学三维新论》，上海交通大学出版社2016年版。

不是选择新闻，而是选择宣传材料之类，因而新闻价值也是新闻作品及其传播媒介的重要质量标准。

价值可以指事物或人物的有用性，如欣赏价值、学习价值，实用价值；也可以指事物或人物的“含金量”，即所含的某种有价值的东西，如“价值规律”“价值形式”中的“价值”——蕴含在商品里的社会必要劳动。新闻价值是指后一种价值，而新闻的价值则是指前一种价值。两者经常被混淆，产生出严重偏误。

1. 新闻价值

新闻价值就是使信息具有新闻性、能成为新闻的东西，由信息的真实、新鲜和传播对象需要所构成。[①] 其中，真实和新鲜是新闻价值的基础。只有既真实又新鲜的信息，才有新闻价值、能成为新闻，才能产生新闻的价值。否则就只能是文学、宣传、广告作品或其他什么东西，就只能产生宣传价值、广告价值、欺骗价值、游戏价值或其他什么价值。而只要是既真实又新鲜的，一般就也是传播对象（或受众）需要的，于是就有新闻价值了。

然而，仅有真实和新鲜，其新闻价值可能并不大，例如一些明星趣事。如果又是重要的，而且还与传播对象有很大关系，其新闻价值就大了。正是传播对象需要的大小，决定了新闻价值的大小。

传播对象需要是指客观上对他们有知晓意义。虽然一般表现为他们主观上想要，或者说感兴趣，但并不完全如此。例如感官刺激性强的信息，是许多人特别感兴趣的，但不一定是对他们特别有知晓意义的，也就不一定是特别有新闻价值的。

新闻价值应是报道者选择新闻的重要标准，也是新闻作品及其传播媒介的主要质量标准。

2. 新闻的价值

新闻的价值就是新闻的使用所产生的价值，与新闻价值的区别就是价值与使用价值之别。新闻价值与新闻的质量相对应，新闻的价值与新闻的作用相对应。

新闻价值是使信息成为新闻的素质，这是从新闻的构成来看的，其“价值”是指含金量。而新闻的价值，则是从新闻的使用来看的，其“价值”是指有用性，即新闻经过传播后可产生的作用，包括沟通信息的信息价值，产生宣传教育作用的宣传教育价值，集散文化和提供娱乐的文化娱乐价值；帮助政治活动的政治价值，提高经济效益的经济价值，促进社会和谐的社会价值等等。

---

① 参见谢金文《移动传播时代的新闻内容及其来源》，《媒体融合新观察》双月刊2020年第2期。

从功能与作用来看，新闻的基本功能是告知，它源于新闻价值；告知后可产生的政治、经济、文化、舆论等各种作用，产生新闻的使用价值。某个新闻可以有某种使用价值，而没有另一种使用价值，甚至与另一种相冲突。

可见新闻价值与新闻的价值虽仅一字之差，却有霄壤之别。区分两者有助于避免在新闻工作中混淆标准，以新闻的使用价值排挤、取代新闻价值，把新闻的宣传价值或经济价值作为新闻选择和加工制作的唯一标准，使新闻报道缺乏新闻性，有违新闻规律，也有损于新闻的使用价值，有损于新闻媒介的公信力、传播力、影响力。

霄壤也是有一定联系的。新闻价值是产生新闻的各种使用价值的基础，没有新闻价值的信息如果也有使用价值，那可能是宣传、广告、文学或其他什么的价值，而不是新闻的价值。一般说来，新闻价值较大的信息，其使用价值也会相应较大，至少关注的人会多些，关注的程度会深些，影响面和影响力会大些。

反过来，创造新闻的价值，例如用新闻做宣传，也选用了有新闻价值的材料，扩大了新闻传播。新闻的使用价值也会关系到新闻的重要性、接近性，影响到新闻价值的大小。

二　新闻的真实

新闻真实直接关系到人们对事物的认知，左右人们的思想和情感、态度和行为，包括从个人到国家的各种决策。如果说，实践是检验真理的唯一标准，那么对事实的反映和认定，就是对真理还是谬误的判定。在当今移动传播、社交媒体时代，许多信息由非专业的用户提供到网络空间，一些专业机构为了抢新闻，也匆匆在网上发布或转发，其中不乏零星片段的乃至片面、虚假的内容。现在比以往更需要关注新闻真实的实现问题，包括移动传播带来的新问题。

1. 新闻真实的基本问题

新闻源于事实。事实可有三个层次的信息：局部的，整体的，深层的、即与内外部联系的。这是由事实直接发出的信息。其中新鲜的、传播对象需要的部分，即能有新闻价值的部分，就会被选择、加工、传送到新闻媒介上，成为新闻。

事实的真实是存在论意义上的真实，而新闻中呈现的真实是认识论意义上的真实，[①] 是主观认识基础上的反映与客观存在的吻合。认识与存在、反映与事实的

① 参见谢金文《新闻学导论》，清华大学出版社 2014 年版，第 18 页。

一致是相对的，差异是绝对的，因而新闻报道中有三对不同的真实：表象真实和真相真实，局部真实和整体、全面真实，浅层真实和深层真实。

对这些真实的认识和反映如果有误，都会造成新闻失真，直接原因主要有：

——信息来源的问题。包括采访对象提供的信息不够准确，或故意提供虚假信息；

——缺乏核对的时间或其他条件；

——传者的不够严谨。如用词不当，搞错数字、名称，为了某种需要而把关不严；

——传者的认知问题。如观察不全面，理解不准确，认识有片面；

——传者故意为之。如为己或奉命夸大其词、弄虚作假。

2. 表象真实和真相真实

表象是表面上呈现出来的，与真相可能一致，也可能不一致，只是假象，或者是真假混合之象。有的报道纯系杜撰，连表象真实也没有。有的报道确有其事，但可能并非真相，如某地粮仓满满，并非报道所言的抗洪救灾结果，而是从别处挪来粮食蒙骗领导和记者。近年来频频出现“反转新闻”，即与初始的新闻相反的新闻，且后者才是真相。究其原因，有的是见了表象就匆匆发布，没做细究；有的是故意造假，以表象惑众。

然而，表象是认识事物的门径，新闻报道者也只能先看到表象。所有表象都在一定程度上反映真相，有的反映比较直接、充分，有的反映比较曲折、稀少。假象也是实质的曲折反映，只是让人以为有某一种事实，而实际上是有另一种事实而已。上述粮仓对救灾的结果来说，是假象，而对造假的事实来说，就是真相。

新闻报道首先要保证表象的真实，包括每个细节的真实准确，不同于文学可以虚构想象，也不同于宣传可以摆布修饰。对真相尚不清楚的时候，新闻报道不应妄加推测。例如报道某人从楼上坠落，不能随意说是跳了下来或跌了下来，万一是被推下来或扔下来的呢？

即便只是为了使表达更生动些、使画面美观些而作修饰，也改变了事物的本来面目，虽不完全是假新闻，也是虚的，也属虚假之列。既破坏了新闻工作的基本原则，也会损坏有关媒介的声誉和公信力。

但是，眼见也不一定为实。我们看见天上的星星在闪烁，其实星星并没有闪烁。孔子落难时看到自己的得意门生偷吃粥，其实是有一根草掉进了粥里，那弟子取出草，嘬去粘在草上和手指上的粥。有些人为了自己的安全、利益和其他难言之隐，故意对记者说假话或示以假象。

可见新闻传播仅反映表象是不够的，还要尽可能反映、揭示真相，即表象背后的事实。如果由于条件的限制，无法确认是否真相，也要让受众明白有关事实的可信程度，并给纠正失误留有空间。

3. 局部和整体真实、浅层和深层真实

事物的局部可以是整体的代表，因而可以管窥——以一斑窥全豹。然而局部不仅不等于整体，甚至还会与整体大相径庭，应在需要时尽可能反映整体全面。

堆集起再多的负面新闻，也不能反映社会的整体真实，把所有局部真实的正面新闻堆集起来同样如此。单个新闻报道的片面与全面也是局部与整体的关系。如果某个人群的生活很困难、而新闻里只有他们中的幸运者，某件事有利有弊、而新闻里只有其利或弊的一面，某个情况引起了人们的不同看法、而新闻里只有赞同或反对的看法，这样就是以局部带整体，以偏概全，就会误导受众。对一件事、一个人、一个群体、一个机构、一个地方等等的报道都有局部与整体、全面的问题。

新闻传者和受传者都经常会把局部当整体，以偏概全。有些传者还刻意为之。许多假象，正是通过以局部真实说事而产生。

浅层真实是表面上呈现出来的真实，如许多简单的消息所反映的。深层真实是事物之间关系的真实，包括因果、意义、影响、趋势的真实。

不仅深度报道涉及深层真实问题，其他报道在新闻选择和处理的过程中，也会受制于对深层真实的认识。深层的真实还很容易受到“把关人”的故意掩盖和弄虚作假。因此新闻传者要努力提高对深层真实的把握和反映水平，传媒体制也要给予相应的保障。

三　新闻真实的实现

人们往往会有意或无意地按照对自己有利的方式进行表述，在一定程度上偏离真实，犹如“罗生门”事件中。新闻采访对象和报道者自己都可能如此。此外，报道者的知识、能力、工作态度，都可能使新闻报道被表象所惑，背离真相。报道者配合造假就更糟糕了。

失真的原因还有很多。包括报道者粗心大意，为报道生动而加入“合理想象”，为赶时髦而牵强附会，为达到某种宣传（包括广告）目的而不做细究或以偏概全、甚至故意造假，受各种“把关人”的牵掣或受工作关系、人情关系的影响，为贪图私利而眼开眼闭。在注意力经济时代，为“争夺眼球”也造成许多不客观、不真实，包括对网上出现的材料不加核实，以讹传讹。

要每篇报道都反映整体、全面和深层是不现实的，也是不必要的。一个事实会由许多信息，新闻传播只选取其中有新闻价值的部分。受众对新闻也有不同的需要，如大多数人只需知道出门后会不会下雨，并不在意那雨的来龙去脉。新闻报道的篇幅容量有限，还要争抢时间，而认识、反映事物的整体、全面和深层，需要有较多的篇幅和时间。况且，对真相、整体全面和深层的认识一般只能以表象、局部和浅层为入口。更何况，又怎能保证新闻传者对整体全面和深层的认识一定是正确的呢？因此，决不能忽视对局部、浅层事物的真实反映，更不能以整体全面、深层、本质真实为借口，掩盖、歪曲事实，排挤许多有价值的新闻，例如反映民生问题、社会问题的，有舆论监督作用的。

还有本质真实一说。本质是指事物本身所固有的根本的属性，本质的真实，也是一种深层的真实。本质通过现象表现出来，反映了现象，也就在某种程度上反映了本质，就连假象也是本质的曲折反应。认识本质要有一个过程，往往还要通过反复认识，其中会含有很大的主观成分，很大的失误可能。而新闻要快速反映，要尽可能客观。因此把反映本质作为新闻报道的基本要求，对新闻活动并无多大帮助，还会造成偏误，甚至被用来作为片面报道的借口。

但是一个记者、一个媒体、一个传媒集团、一个地方媒体群的所有相关报道，应大致符合总体和深层情况。这对社会影响很大，因此既可以、也有必要提出这样的要求，在每次报道时，如有需要和可能，也应尽力全面和深刻。

可见强调新闻报道首先要“真”，不仅是要求避免粗枝大叶、杜绝弄虚作假，要求剔除那些虽有新鲜、重要、显著、有宣传价值等素质，但却不够真实的报道，而且要求不被表面、局部现象所惑，不满足于表象、局部和浅层的反映，努力挖掘真相，并追求整体全面和深层的真实，包括正反两面和多侧面的真实，事物的内在联系、因果关系、发展变化规律等。

这些都需要新闻传者认真负责、严守新闻工作规范，对报道内容具有必要的知识、对弄虚作假者有必要的防范，需要一定的职业道德、职业精神和专业能力，同时也需要相应的体制安排，保障各种真实的揭示，宽容难免的失误。

四 新闻的新鲜

新闻的新鲜是指能给人带来新的听闻或见闻，包括时间、角度、层面的新。、新鲜与新近既有联系又有区别。新近的事许多是新鲜的，但更多的并不是。“我刚才吃了饭。”这绝对新近，但不新鲜，不能是新闻。

新鲜的事大都是新近的，但也并不全是。“我有一天吃了5斤饭。”这就新鲜了，虽不新近。2009年有报道称：北京猿人比人们长期认为的存在年份“老”了20万岁，距今已有77万年。这是新鲜的，但并不是新近的事。此外，新鲜的事还有正在发生的和将要发生的事。

一般说来，事情越是新近，就越是新鲜，因此新闻报道要尽可能快速及时。然而即使是一件大家已经习以为常的事，或已经有过众多报道的事，也可以是从新的角度、新的层面，发掘出以前没有被注意、被认识的方面，令人感到新鲜，或还能有其他的新闻价值。

上海杨浦大桥建成时，许多传媒报道了该桥是当时世界上跨径最长的斜拉桥，《新民晚报》记者却另辟蹊径，以该桥的建设打造了质量的丰碑为视角，作了整版的长篇报道，获得了全国好新闻一等奖。

新鲜本身也能使信息为受众所需，可让人们产生新鲜感、满足好奇心，增长新见识、满足知新欲。因此信息只要是真实的和新鲜的，一般就会有一定的新闻价值。但虽然新鲜却对受众没多少意义的信息，或虽不很新鲜却十分值得关注的信息，也比比皆是。信息还有其他素质使其为受众所需。

五　新闻的传播对象需要

1. 传播对象需要的必要性和相对性

新闻还必须是传播对象需要的，不论这种需要是关乎生死存亡，还是仅仅满足一下好奇心。“我买房了。”这信息当年对我的亲友来说，既真实，又新鲜，是个不小的新闻，但没有一家报社来采访，因为报纸的读者不需要。

有许多信息是传者需要传播的，而不是受众需要获得的，尽管采用了新闻报道的形式，也仍然不是新闻，而只是软性广告、虚假新闻之类。这种伪新闻与真新闻的根本区别，就在于受众一般不需要，不感兴趣，因而缺乏新闻性。

传播对象需要与否、感兴趣与否，都是因时、因地、因人而异的，因此新闻价值也是相对的。报纸很快就成为废纸，因此不用纸张很好，也不用装订。北京房价上涨的消息可以上北京报纸的头版，也可能进上海报纸的第二版，而在伊拉克报纸上不会有。有些经济新闻对经济类报纸的读者是重要的，对生活类报纸的读者却未必。这和“美”相仿，是主观与客观的统一，情人眼里出西施。

2. 传播对象需要与想要的联系和区别

传播对象需要通常表现为他们想要、感兴趣。我们经常看到，人们越是需要的信息，就越令人感兴趣，如重大突发事件的报道。反过来，人们越感兴趣的事，通常也越能成为新闻。“狗咬人不是新闻，人咬狗才是新闻”，“新闻就是女人、金钱和犯罪”等等说法，就是由此而来。

但这只是“通常”如此，并非“全部”，传播对象需要的并不完全等于传播对象想要的、感兴趣的，而是客观上对传播对象有知晓意义的。传播对象需要的程度与想要的程度、感兴趣的程度也往往并不一致。

例如有些重要信息，传播对象并不知其重要，或不知其与自己有何关系，因而并不感兴趣，或并不很感兴趣。2005 年 4 月 29 日，中国证监会发布《关于上市公司股权分置改革试点有关问题的通知》，许多人对此并无多少兴趣，许多新闻媒介也没有予以足够的关注。然而历史证明，股权分置改革既带来市场经济体系的改进，又是当时中国股市由熊转牛的最大因素，让千千万万家庭获得财产性收入，这个《通知》应是许多人很需要的，很有新闻价值的。

反过来，并非人们越想要的、越感兴趣的信息，就是人们越需要的、新闻价值越大的。许多奇闻轶事令人很感兴趣，但一般只被编排在新闻栏目的末尾，就连 CNN 等商业性传媒也是如此。

中国著名新闻记者范长江在《记者工作随想》一文中提出：“新闻就是广大群众欲知应知而未知的重要事实。”其中，欲知的当属于想要的、感兴趣的；应知但又不是欲知的，当属于需要的但又不是已经感兴趣的；而未知的当属新鲜的。

六　使传播对象需要和感兴趣的元素

（1）真实和新鲜

新闻性信息中，使传播对象需要和感兴趣的元素（或曰特质）有很多，其中，真实和新鲜是要素——必要的元素，无此便不成为新闻，而只要有了它们，传播对象也就会需要，于是也就可成为新闻了。

（2）重要性，即对社会和个人会有重大影响。重要的信息往往最令人感兴趣，经常被放在新闻媒介的头条。

（3）显著性，即很突出。新闻中的人物、机构、事件、场所等越著名，新闻价值就越大。我家的房子在装修不是新闻，而天安门城楼装修，还没动工就已经是新闻。

显著与重要既有联系又有区别。一般重要的也是显著的，但在人们并没有认识到其重要性时，往往并不显著。有些重要的学术成果、包括马克思的有些重要论著在刚发表时，都是这样的。而许多显著的人和事也并不一定是重要的，如某明星的私生活等。

（4）接近性，即与受众的关系近。主要为空间关系上的近，对上海的事情，上海人远比北京人感兴趣。附近街上有汽车撞人了，会比万里之外有火车翻了更令我们关注。但还有许多其他关系上的近。对于有许多外汇存款的人来说，国际经济的变化、汇率市场的波动，会比本地二手货市场的价格更令他们关注，这是由于经济关系上的近。对于有子女在美国读书的父母，美国学费的涨落、打工机会的多少会比本地的学费和打工机会更令他们关注，这是由于心理或利益关系上的近。《足球报》在全国都有不错的销路，是与许多人兴趣上的近。此外还有文化、职业、年龄、需求、嗜好等关系上的近。

实用也是一种接近，如某地公交车降价，某银行卡异地存取款免费等。

（5）有味性，包括趣味、意味、人情味。“动物园猴山政变”，这是有趣味。“父亲捐肾给儿子”，这是有人情味。能引起人们好奇、惊异、喜爱、怜悯等等情绪、情感的大都有味。西方新闻传媒特别注重新闻的有味，英国广播公司连续多次在正点新闻中，把美国医院给一对连头婴儿作分头手术放在头条位置。西方新闻学还强调与性有关的事，如恋爱、婚姻、家庭，偷情、性骚扰、性暴力，都很有新闻价值，其实这些事大都也就是能引起不少人的兴味而已。

此外，令人感兴趣的元素还有独特、反常、有悬念等。但这样的信息大都也具有上述元素。独特的，或能称为第一的人和事，一般也是新鲜的、或显著的、或有味的，反常的事也是令人感到新鲜的；有悬念往往也是因为与上述元素有关。

上述各种元素往往相互交织在一起。有些人和事既新鲜、又重要和显著，有些则既有接近性、又有趣味性，等等。这些素质越多、越强，新闻价值也就越大。

传播对象需要与否、感兴趣与否，都是因时、因地、因人而异的，因此新闻价值也是相对的。北京房价上涨的消息可以上北京报纸的头版，也可能进上海报纸的第二版，而在伊拉克报纸上不会有。有些经济新闻对经济类报纸的读者是重要的，对生活类报纸的读者却未必。2001 年 9 月 12 日《纽约时报》要闻版共 28 版，只有一个新闻，即 9 · 11 事件，而且仅最后一版为广告，平日广告占 40%。同日其他国家的报纸不会如此。

第三节 新闻与宣传

新闻是一种信息，宣传是一种传播，两者明显不同。新闻传播与宣传都是传播，但这两者仍有很大的区别。然而新闻又对宣传会有很大的影响，因而经常被用于宣传，或被宣传扭曲、排斥。要正确处理新闻与宣传的关系，避免带来片面、虚假新闻，既害新闻，又害宣传。[①]

一 新闻与宣传的区别

1. 内涵与作用不同

新闻是真实、新鲜、传播对象需要的信息，宣传是为了特定目的而传播相关信息或观点。“宣传”两字在汉语词源上的意义是宣布传达和互相传布，相当于传播。在现代使用中，从广义上说，宣传就是宣示传扬。不论是事实性、意见性还是情绪性信息的传播，包括新闻传播，都可以是宣示传扬。报道某个人、某个地方、某种行为，都可以是宣传。从狭义上说，宣传是传播特定的信息或思想观念（包括各种理论、主张、纲领、方针、政策、法律、道德等），以影响人们的思想、态度和行为，使之朝着宣传者所希望的方向发展。如理论宣传、政治思想宣传，宗教宣传、道德法律宣传，商业宣传、公关广告宣传等等。

新闻作为一种信息，其本源是事实。宣传是一种传播，其本源是观点。毛泽东说：帝国主义和一切反动派都是纸老虎。这个“说”是事实，当年对这一事实的报道是新闻，后来我们对这个观点的宣传，则不是新闻。

也可用新闻做宣传，“用事实说话”，但这些事实只是证明观点的材料，从属于说话，为观点服务的，因此这不是新闻之道，而是宣传之道，落脚点在“说话”，而非报道。

从作用来看，宣传的作用是影响人们的思想情感和态度行为，使之朝着宣传者所希望的方向发展。新闻则除了有宣传作用，还有反映和告知作用，了解和消遣作用，建构新闻媒体等作用。

2. 要求与方式不同

新闻要求真、新、快，新闻价值大，要求全面、客观、公正，这些都是与传

① 参见谢金文《新闻传播新探——移动时代的新闻理论与实践》，上海交通大学出版社 2018 年版，第 11—21 页。

播信息相关，还是对片面宣传的抑制。

而宣传要求的是①正确：观点正确，推理正确，材料运用得恰当、典型；②鲜明：观点明确，突出主要观点，尽可能给人以清晰深刻的印象；③针对性强：有的放矢，不要对牛弹琴。这些都是与传播观点相关。

新闻要求新鲜，追求速度、时效和新意，力求更大的新闻价值。一般是一次性的传播，一家报纸不会连续刊登同一则新闻，广播电视新闻的重播，是针对还没有收听收看到的人。而宣传讲究时机、时宜和场合，以达到更好的宣传效果，避免副作用；经常以重复来加深人们的印象，比如宣传样式之一的广告。

新闻注重信息的质和量，使告知准确、充分和有用。而宣传注重提法、口号、符号标志，使宣传正确和有力，并便于反复传播加深印象。例如宣传所用的符号，具有特殊的意义，用以唤起接受者相应的心理反应。党旗上的符号标志对于党员、十字架对于基督徒皆如此。

3. 出发点和直接目的不同

新闻是从受众的需求出发，以受众为中心，宣传是从传者的需要出发，以我为主，为我所用。

新闻的直接目的是告知，让人了解。新闻的宣传作用也是通过告知而达到。宣传的直接目的是让人们接受一定的看法，使受众的思想、情感和态度、行为朝着宣传者所希望的方向巩固、加强或变化。

正是由于上述不同，新闻报道与宣传报道也就相应地不同。例如以报道的形式做广告，是一种宣传，不应被作为新闻的。

对新闻与宣传不加区分，把宣传观作为新闻观，按宣传的要求做新闻工作，有些社会和公众都需要的、很有新闻价值的新闻和评论，就会被排除掉了，例如具有公共卫生预警作用的内容，反映民情民意的负面新闻、批评性评论，以及揭露真相、舆论监督性的内容，具有汇集民智民慧、纠正偏误倾向作用的不同意见观点。

二　用新闻做宣传

1. 用事实说话是宣传之道

事实会说话，许多新闻还会产生意外的宣传效果。毛泽东很早就倡导用事实说话，许多人就把能否用事实说话作为判断是否好新闻的标准。实际上，这只是好宣传，并不一定就是好新闻。

事实胜于雄辩，新闻的事实性使宣传容易被接受。现在的受众已有很多的选择余地，很大的选择主动权，追逐受众的单纯宣传越来越难以追到受众，而新闻则是许多受众追逐的对象，容易得到受众的关注和选取。用新闻做宣传日益成为重要的宣传方法。面向国外听众的“美国之音”广播，是西方国家用新闻做宣传的典范。许多企业也尽可能用新闻手段进行公关宣传、做“软性广告”，树立企业和产品形象。

然而这里的事实只是用来说话的，是证明观点的材料，是从属于说话、为观点服务的。因此只选择有利于说话的事实，而摒弃其他事实；因此对一些事实尽可能突出强化，即使它们并非传播对象很需要的。

可见这只是一种说话，用事实只是说话的方式，这只是宣传之道，后来人们将其作为新闻之道，乃至成为对新闻报道的最高要求，则是真理往前多走一步了。①

2. 运用宣传规律

既然是用新闻做宣传，就要运用宣传规律，主要是使传播内容有宣传价值——具有能够产生宣传效用的素质，包括：

（1）一致性。即与宣传者所持的观点、主张、价值标准、宣传目的相一致。

（2）针对性。针对宣传所指向的目标、所涉及的问题。

（3）普遍性。能具有普遍作用，会受到广泛关注，可产生广泛影响。

（4）典型性。正面典型能给人以经验和产生榜样的力量，反面典型能给人以教训和产生警诫的作用。

（5）时宜性。即合时宜，发表的时机适当，以产生较大的宣传效果，避免副作用。②

3. 运用新闻规律

由于受众追逐的是新闻信息，因而用事实做宣传时，仍要遵循和利用信息传播、新闻传播的基本规律，包括尽可能有客观的形式，让事实自己说话，力避宣传味宣传腔。这不仅能给人以客观、信实之感，还有助于避免、纠正报道者的偏见。

中央电视台对外宣传栏目《中国新闻》的系列报道《20年巨变》中，有一集为《上海外滩公园的“情人墙”悄悄消逝》，反映的是20年前，由于住房紧张和活动场所少，外滩的黄浦江围墙前成了谈恋爱的极好去处。夜幕一降临，那儿就聚满了一对对谈恋爱的，以至于很拥挤。尤其是在墙边，甚至有大龄青年的弟弟

① 参见谢金文《中外新闻传播史纲要》，北京大学出版社2013年版，第80页。

② 参见李良荣《新闻学概论》，复旦大学出版社2001年版，第265页。

妹妹提前去占位。20 年后，这一景观不见了，究其原因，主要是上海市区比过去扩大了几倍，公园和绿地增多了，年轻人又有了许多新的活动场所，如咖啡屋、歌舞厅、保龄球馆等等。两三分钟的节目讲述了中国人生活变化的一个生动故事，不添一词却实实在在地宣传了中国改革开放和现代化建设的成就。

编辑处理上，也要让人们对内容的真实全面客观公正感到放心，自然而然地接受。“美国之音”的英语广播在播出社论之前和之后，加上一句“这是社论，反映美国政府的观点”，表示他们是把新闻和评论分开的，只是在评论中反映美国政府的观点。其实如果仅仅是在几十分之一的播出内容中含有美国政府的观点，也许美国政府就不会年年耗巨资于“美国之音”了。

4. 防止用事实说假话鬼话

说话被掐头去尾，意思就会走样。事实经过精心选择和处理，也会说出别样的意思，甚至被用来说假话鬼话。

事物往往有例外，如果用例外的事实来说话，就会说出相反的话。例如在虐待囚犯的地方，找一两个囚犯，说他们受到了善待，即使说的都是事实，也可能只是例外。事实的报道又会被说话者按需加工，甚至被化妆得面目全非。

用越直观的方式说话，说服力越强，而如果用来说假话，欺骗性也越强。如果上述囚犯的话，是用电视而非报纸传播的，人们看到了真人真事，往往很难产生疑问了。

作为受传者，则要明白有的新闻是用来说话的，其中有的话是对传者和受者都有益的，有的则只是对传者有益，而对受者无益，甚至有害。

三 “后真相”与宣传

移动传播大大增加了信息来源，传播内容更加充分和多元，新闻真实有了更多的呈现机会，然而也有了更多的受干扰可能，以至于虚假新闻泛滥。许多人在真假难辨的信息面前无所适从，只能相信自己愿意相信的。这种“后真相”现象又被人利用于做宣传，他们不是尽力挖掘真相，而是尽力以说得动听让人接受。

所谓“后真相”（post-truth），是指诉诸情感及个人信念，较陈述客观事实更能影响舆论的情况。这个词被《牛津词典》评选为 2016 年度词汇，编辑解释说，“后真相”是指情绪和个人理念影响公众意见，而事实真相反而无足轻重的氛围。换言之，后真相的主要表征是情绪的影响力超过对事实真相的寻求欲。2016 年“后真相”一词的使用率是 2015 年的 20 倍。这反映了现在许多人不理会摆事实讲道理，而是怀疑一切，跟着感觉走。

人们会倾向于期待、接受那些与自己价值、态度和情感、愿望相近的信息，对其真伪减少或不作留意。在真假难辨时，许多人只相信自己愿意相信的。甚至在出现了与自己立场相悖的证据后，有些人仍倾向于无视这些信息。以致客观事实的陈述往往不及诉诸情感和煽动情绪更容易影响民意。如 2016 年英国脱欧公投和美国大选时，南苏丹等地在虚假新闻和挑动性言论下陷入仇杀时。

造成这种情形的原因很多，包括经济与社会的不确定性，后现代主义和相对主义的全面兴起，但移动传播、社交媒介的大幅度普及无疑是重要原因之一。

主要基于移动传播的社交媒介让人人都能面向公众发送信息，许多人在事实还不清时已急于通过社交媒介发表评论。人们接受信息也越来越多地从专业媒体转向社交媒介。反常、诡异、情绪化、耸人听闻的流言、谎言、阴谋论往往比事实更能吸引眼球，在缺乏把关人的社交媒介得到广泛传播。正如牛津大学出版社词典部卡斯帕所说："随着社交媒体崛起成为新闻来源，人们对主流机构提供的事实越发不信任。"[①] 许多人的等式是：微信私聊里说的 > 微信朋友圈里说的 > 微信社交群里说的 > 大众媒体里说的，尤其是涉及与媒体的倾向性不一致的事情时。

此外，移动媒介的低信息容量很难全面客观地传递信息；移动传播使传媒市场竞争更加激烈，有些传者一味猎奇，或等不及核实就抢先发表。这也给片面、主观、虚假信息增加了新的土壤。

从深层看，人们往往倾向于选择那些符合自己的看法、能满足自己某种心理的信息，拒绝那些相反的信息。在注意、理解、记忆过程中都是如此。另一方面，现在移动传播用户获得信息往往是经过所谓的"协同过滤"，即往往不再是自己找来信息，而是得自社交媒介如朋友圈、微信群，它们在帮你过滤。使你关注跟你相似的人、你所偏好的事，它们把相似的观点给你，使你原有的观点更加固化，甚至歧化、偏执化。进而倾向于接受与自己观点一致的事实性信息，即使在这种信息失真时。传播机构的大数据分析、算法推送，也使受传者局限于同自己原有的选择偏好相符的传播内容，不断加强这种偏好和相应的思想情感，排挤了纠正偏误认知和思想情感的机会。

有些宣传就利用"后真相"钻空子，但从长远来看，得不偿失的概率更大。

---

① 转引自《后真相时代》，吴飞的博客《重建巴比塔》2017 - 07 - 07。

四　正确处理新闻与宣传的关系

1. 各司其职，避免公信力受损

新闻与宣传有不同的功能与作用，无高低贵贱之分，要各司其职，避免互相排挤和替代，对新闻与宣传不加区分，有意无意地以宣传代替新闻传播，就会不按新闻的特点和规律办事，如认为不是宣传需要的，就不予报道，而不顾社会和公众是否需要，或者进行片面报道，乃至添油加醋，甚至故意隐瞒、篡改、生造新闻，削弱新闻媒介的公信力——取得公众信任的能力，以及相应的传播力、影响力，既排挤、消解新闻传播的价值，又降低、丧失宣传的作用。

新闻与宣传要各司其职，就要按各自的规律，主要表现为按各自的要求，避免把宣传的突出强化、倾向鲜明、反复强调等用于新闻报道，使新闻缺乏新闻价值，甚至偏离真实全面、客观公正。还要防止为宣传而弄虚作假，或因宣传价值而放松新闻质量把关，助长虚假新闻。

2. 正确处理新闻传播与宣传的矛盾

新闻传播的要求与宣传的要求会有矛盾。首先，许多事实会与宣传的需要不一致。应把宣传建立在事实之上，并以事实来检验观点的正确与否。当传者发现事实与宣传的观点有矛盾时，应尊重事实，而不应在报道中削足适履，用偶然、例外的事实来宣传观点，或扭曲、篡改、捏造事实，误导受众。

新闻的时效与宣传的时宜，新闻的全面、客观与宣传的突出、强调、鲜明的倾向性，也都会有不一致之时。在选择和传播新闻时，是以新闻价值为主，还是以宣传价值为主？是保证、突出新闻价值还是宣传价值？

这要根据各种不同的时期、不同的环境、不同的任务和对象，进行综合权衡。如在战争等特殊时期和环境中，往往需要以宣传价值为主，而在和平建设时期，尤其是在新媒体时代，信息扩散的可能和受众的选择余地、能力和自主性都大大发展了的今天，新闻价值的地位也自然上升了。

例如对同一件事情，新闻传播要求尽快报道，而宣传要在事情彻底搞清楚以后，选择适当的时候报道，此时要考虑到，现在手机、互联网已使不予报道、推迟报道、部分报道、对内对外有别报道等传统做法的效果大打折扣，任意使用这些做法，不仅会使公众的知晓权、批评权、监督权及其他相关权益受损，还会使传媒机构的公信力、甚至政府的形象也打折扣。在数字化、移动化、全球化传播时代，新闻传媒的国际竞争日益广泛和激烈，国内市场也成为国际市场的一部分，新闻性的强弱还关系到传媒的国际竞争力，国家的软实力。同时，传媒也要比以往更注意满足国际社会对本国信息的正当需求。

3. 虚假新闻与宣传

个人、企业、媒体、国家等等的宣传需要，都会有意或无意地带来虚假新闻。有些人认为，只要宣传效果好，新闻报道与事实有点出入也无所谓。于是把关不严，被虚假新闻钻了空子。移动传播、人工智能又给虚假新闻的生成和传播提供了新的便利，给辨别和把关带来新的难度，理清宣传需要与虚假新闻的关系就更为必要了。

片面追求宣传效果会放松、放弃对真实性的追求和把关，甚至故意造假。许多虚假新闻与宣传的需要有关。不顾人们了解环境的需要，完全“从我出发”摆布新闻，为宣传需要而罔顾事实，甚至故意制造虚假新闻，这是许多宣传的致命伤，以致“宣传”一词在西方成了贬义词。

让人们了解真实世界和周围环境，是新闻工作的基本职责。虚假新闻则使人们的认识产生偏差，从而影响与此相关的各种思维、判断、决策、行动。即使是看起来有正面宣传教育作用的假新闻，也免不了如此，而且还会侵蚀新闻报道的真实性准则，瓦解新闻传媒的公信力和受传者的社会信任。假作真时真亦假，正当合理的宣传也会被拖累。

第四节 新闻媒介

一 新闻媒介的种类

上述传播媒介的种类，也是新闻媒介的基本种类，而新闻媒介还经常被进一步细分。

1. 按所有权分类

所有权对新闻媒介有决定性的影响，主要分为国有的、公有的和私有的。这三种传媒各有利弊，适应不同的国情，也可互补。

国有即国家所有，尽量满足执政党和政府的传播需要，一般享有一定的市场特权，而在信息传递、意见交流、舆论监督方面则会较弱。公有的是公共机构所有，尽量满足社会公益需要，而市场竞争力则会较弱。私有的是私人个体或机构所有，尽量满足其衣食父母——受众的需要，信息作用、市场竞争力较强，而在自觉承担社会责任方面则会较弱。

在西方国家，新闻媒介有少量国有的，如“美国之音”电台；有较多公有的，如英国的BBC电台，目前在西欧和其他英联邦国家，广播电视台基本是公有与私有并存，旗鼓相当；有更多私有的，报刊和新媒体绝大多数是私有的，美国的广播电视也基本是私有的。但那些私有传媒，往往与政党和政府也有千丝万缕的关系，同时又有国家利益、意识形态和文化传统的影响、包括对传媒老板和编辑记者等各种“把关人”的显性或隐性的影响。

2. 其他细分

还可按经济背景分为商业性的和非商业性的，按经营分为收费的和免费的；

按传播范围分为社区型、地方性、全国性、国际性的，按传播对象分为老年性、青年性、妇女性的等等；

按媒介内容分为综合性的和专业性的、严肃性的和娱乐性的、经济性的和体育性的等等。

二　内容和传播特点

新闻媒介也有一般大众媒介的传播的速度快、范围广、受众多、反馈少的特点，含有文化和意识形态成分的特点，此外还有其自身的特点。①

1. 信息性和交流性

信息传递和意见交流都是越及时越好，新闻媒介正是为此而生的，成为最迅速及时的大众媒介。信息性和交流性也就成了新闻媒介最基本的特点，并使新闻媒介有较强的“必读（或看、听）性”。

交流需要充分的信息，信息通过交流而产生更多更大的价值，两者相辅相成。人们日益需要充分的信息和自由的表达。现代社会中，只有、也必须有新闻媒介来担此重任。

2. 公共性和舆论性

新闻媒介的公共性表现在面向公众进行传播，是公众获取信息、表达意见、交流思想观点的重要工具，会对社会和公众带来较大影响，关系到公共利益。这使新闻媒介可以成为现代社会中最重要的公共空间。

舆论（public opinion）是公众的意见，新闻媒介提供的信息和观点会产生广泛的舆论反映。舆论往往很有新闻价值，且应该受到社会的关注和尊重，新闻媒

① 参见谢金文《新闻学通论》，上海交通大学出版社2019年版，第125—134页。

介经常反映舆论。舆论的形成和表达需要新闻媒介工具，新闻媒介则当自觉替公众讲话，代表舆论。公众了解情况不全面、意见观点不正确时，新闻媒介也要及时提供信息和观点，引导舆论。舆论监督是新闻媒介义不容辞的重要责任。

3. 宣传性和政治性

新闻媒介的传播及时和广泛，使其可有很强的宣传功能，产生宣传性。新闻媒介的一些派生功能也有宣传功能，如议题设置功能和授予地位功能，可用于提高宣传引导艺术和树立学习榜样，也会被用于制造社会舆论和树立崇拜偶像。新闻媒介的潜移默化功能，可逐渐、深入、润物细无声地强化、弱化或改变人们的思想观念和态度情感。

政治是政府、政党、社会团体等组织和个人在国家内政及国际关系方面的活动。政治的核心是利益主体之间的关系，包括民族、阶级、阶层、地区、国家等之间。新闻媒介经常被用于政治宣传、政见表达、政策发布、政治控制，用于问政于民、问计于民、问需于民，用于实现人民的知晓权、参与权、表达权、监督权，成为政治专制或政治民主的工具。

新闻媒介中的意识形态也有政治性。意识形态的基本内容是关于社会的经济基础和政治制度，是人与人的经济关系和政治关系的反映，是由各阶级（特别是统治阶级）中的一部分人、即所谓‘意识形态阶层’制定的。

新闻媒介还有其他内容特点，如告知性、指导性，教育性、学习性，服务性、消遣性等等。

新闻媒介的内容特点也是因媒介而异的。有的多些或强些，有的少些或弱些，有的只有这几种，有的只有那几种。如许多广告性媒介没有政治性，许多对外宣传媒介，如中国国际广播电台、“美国之音”电台等，则没有商品性。

新闻媒介的内容特点使其成为个人、组织和社会的重要工具，也成为政治、经济权力的掌控和影响对象，并受到政治学、社会学、历史学、国际关系学等许多学科的关注。

4. 与物品特点相应的传播特点

作为大众媒介之一种，新闻媒介的传播也有公开、广泛、迅速和受众多、反馈少的特点。此外有的作为公共物品，有的作为私人物品或混合物品。①

有些关系到公共利益，或应让大家共享的物品，以私人物品的方式提供不了、

① 参见谢金文《论新闻媒介的私人物品性》，《上海交通大学学报》（哲学社会科学版）2006 年第 6 期。

或提供不好，只能作为公共物品，由公家免费或低费提供，如我们的对外宣传品，或农村有线广播。

公共物品的提供方式要消耗公共资源，还有其他弱点，包括不能利用市场机制，责、权、利容易分离，竞争压力和创造活力不足，往往成本高、效率低、质量差、浪费多、服务意识淡，官僚主义、假公济私、贪污腐败、权力寻租严重。

而作为私人物品（private goods）、通过市场提供，则可调动社会各方面的力量、包括从社会融资，不仅节省社会的公共资源，还能成为盈利丰厚的“无烟工业”；可利用市场机制、优化配置资源；可责、权、利紧密联系，有足够的竞争压力和创造动力；等等。对新闻传媒来说，还可贴近群众、千方百计满足受众的需求，可在经济上独立、能大胆监督权力。因此，只要以私人物品的方式提供得了和提供得好，当尽可能作为私人物品提供。

也有的新闻媒介可作为混合物品：由政府与私人共同提供。如政府提供部分资助的对外传播媒介。

5. 与消费特点相应的传播特点

新闻媒介的消费过程也是传播过程。作为文化产品之一种，新闻媒介的消费也会越用越想用，同经济条件、闲暇时间成正比，不像食品、家电等消费那样容易饱和。此外还有如下消费特点：

（1）短暂性。新闻媒介的时效性决定了其“寿命”不会很长。新闻媒介中的其他内容也大都是“快餐”式的。而且现在受众接受信息的渠道多，生活节奏、环境变化又快，许多新闻和其他内容很快就会成为受众已知的或过时的东西，而失去其价值。因而新闻媒介的消费时间也就不会很长，一般快用快弃。

（2）一次性。新闻对一个人来说，只有一次的价值。如果多次地反复接触同一则新闻，只是使第一次消费完整化，包括理解和记忆的完整。因而新闻媒介的保存价值较小，可以通过牺牲保存性以降低成本。

（3）相对性。新闻媒介对不同的消费者有不同的使用价值。某种用品对所有人都可有助，某种食品对所有人都可果腹，而某种新闻或新闻媒介则会对某些人有用，对另一些人没用；对某些人有认识作用，对另一些人只有娱乐作用。

（4）共享性。可被无数人同时消费。因而消费者对新闻媒介一般只会单件购买和保存。报纸在一个地区的发行量不可能超过家庭总数，发行收入的增长余地一般不如广告收入。

三 经营和效益特点

1. 经营特点

（1）注重社会效益。新闻媒介要承担社会责任已是人们的共识，其社会效益对其美誉度的影响，对其经济收益（受众、赞助者和广告客户的掏钱意愿）的影响，比一般产品大得多。因此，新闻机构要把采编业务与经营业务分开，避免经营上的短视行为损害媒介质量。

（2）“赔本买卖”。为了获得更多的受众，以赢得更多的广告收入，新闻媒介可以低于成本价出售，甚至免费。

（3）复制成本特别低，边际效益特别高。新闻媒介的复制成本极低，在广播电视和新媒体的接收端则几乎为零，而每个复制创造的效益是一样的，用经济学的术语来说，就是边际成本很低，边际效益很高。因此新闻机构很在乎发行量、收视率、点击率等，尽可能通过提高创制质量来增加复制数量。

（4）衍生产品多，价值链长。新闻媒介可整合、衍生出许多其他产品，如报纸内容衍生出网络新闻、手机报、专供信息等。

（5）新闻媒介有跨媒体、跨地区经营的趋势，在数字化时代更是如此。

（6）大都市传媒有辐射功能。由于地域、资源、经验、品牌等优势，大都市传媒可通过媒介传播、机构合作、跨地区办媒介等，有力地辐射到其他地方乃至其他国家。数字化和卫星传播技术、媒体融合的发展又给这种辐射提供了新的条件。这种辐射能充分地利用优质媒体和高效传媒机构，优化传媒业的资源配置，并能大大提高全国传媒的整体水平和国际竞争力，增强民族凝聚力和国家软实力。①

目前这种辐射功能的开发利用还处于自在自为阶段，中国的提升空间更大。美国发行量第一和第三的报纸、三大电视网以及《时代周刊》、美联社等，基地都在纽约。而与纽约的国内地位相近的上海，新闻传媒基本仍是地方性的，在全国影响很小。

2. 效益特点

新闻媒介的经济效益与社会效益明显地既对立又统一。

一方面，新闻媒介的经济效益与社会效益往往并不一致，片面追求经济效益更会损害社会效益。如果大多数媒介都只是为富人服务，就会形成不同的社会阶

① 谢金文、吴丽华：《大都市传媒的辐射力及其提升》，《江南大学学报》2012 年第 1 期。

层在接触媒介上的不平等，获取信息和知识上的差距，进而产生机会、能力等一系列的差距。有些传媒为了经济效益而降低格调、迎合低级趣味、搞有偿新闻等，更会直接降低、排挤社会效益，甚至产生负面效应。媒体“寻租”就是一种以经济效益、甚至不正当的经济收益牺牲社会效益的典型表现。这里的“寻租”指“权力寻租”，即利用社会赋予的话语权（仅仅传递信息也有话语作用）谋私，寻获交易对象，以权易钱、物、色等等。有些新闻机构和人员，利用自己在采访、编辑、发表方面一定程度上的垄断地位，换取报道对象的种种“好处”，甚至换取舆论监督对象的“花钱消灾”。

好的社会效益也并不一定带来相应的经济效益，往往会像沧海遗珠，需要一定的社会扶持。不好的社会效益也会使许多人甘之如饴。在这里，公众的传媒素养就很关键了。

另一方面，新闻媒介的经济效益能给社会效益的创造提供物质基础，提供资源、设施、技术、人才等条件。同时，经济效益的追求，扩大市场、降低成本、提高收益的努力，可促进传媒积极发掘和满足受众的需求，更贴近实际、贴近生活、贴近群众，更有针对性和吸引力、感染力、影响力，并在一定程度上克服唯上唯权、无视群众等痼疾；可促进传媒管理科学化，工作高效化，积极性、主动性、创造性有更好的解放和发挥；可促进传媒提高国际竞争能力。这些都会带来相应的社会效益。反过来，不好的经济效益也会使有关媒介失去人心，令广告商和赞助机构避而远之。

而社会效益则可给新闻媒介带来知名度和美誉度，带来公众的追捧，广告商和赞助机构的跟进，从而提升经济效益。①

---

① 参见谢金文《中国传媒产业概论》，上海交通大学出版社2007年版。

第四章　新闻媒介与人

人是社会的最基本元素，也是社会发展的最根本动力和目的。社会的质量取决于人的质量，而人的质量很大程度上与传播媒介相关。

新闻媒介通过延伸人和直接作用于人的感官，经常、直接地影响人的注意和认知、思想和情感、态度和行为，发展人的智力、提高人的能力、促进人的社会化和全面发展。同时，新闻媒介也限制了人，带来许多负面影响。

新闻媒介还影响社会中许多人共有的心理——社会群体心理。经纪机构、政治力量经常通过新闻媒介制造和利用社会群体心理。

新闻媒介又通过影响社会环境，包括政治、经济、文化、社会结构和活动等等而间接地影响人。新闻媒介关乎人的基本权利，包括知晓权、表达权、参与权、监督权，这些权利又关乎政治民主、社会进步、人民幸福。

所有人的发展是单个人发展的前提，而新闻媒介又与人类社会同生共长、密切互动，从整体上影响人。

第一节　媒介与人

一　社会中的人

社会是人们相互关联的共同体，其基本元素是人、自然环境和文化。

人有自然属性和社会属性。社会人受制于自然人，反过来也影响自然人。社会人受制于社会，是社会化的人，即一切社会关系的总和，反过来也构成着、影响着、改造着社会。

社会中的自然被人选择、利用和改造，成为人化的自然。人们总是选择最适合生存和发展的自然环境，在其中形成社会，如原始时代的丛林，农耕时代的平原与河流，工业时代的沿海。人们在生存和发展过程中又利用和改变了自然环境，不论是优化、取用还是破坏。有些优化从更广的范围、更长的时间看却是破坏。反过来，自然也影响、塑造着人和社会。南方与北方、东部与西部的人会有不同的性格，青山绿水与穷山恶水也会对人的心理有不同的影响，进而产生不同的社会特征。

文化一词，始见于西汉刘向《说苑·指武》："凡武之兴，为不服也。文化不改，然后加诛。"其中文化是指与武功相对应的文治。19 世纪日本明治维新以来，常借助中国汉字词意译介西方学术，文化便是西语"Culture"的意译。中外学者关于文化的解释有一百六十多种，现在普遍认为，文化是人类创造的精神和物质成果的总和，广义上包括物质文化、精神文化、制度文化、行为文化，狭义上仅指精神文化。人类创造、承传、利用文化，反过来，文化既汇聚在人的身上，又发展、提升和制约着人。

可见改造自然、创造文化的人是社会最基本的元素。人又是社会的目的和动力。反过来，社会也服务、塑造、制约人。

二　媒介延伸了人，也限制了人

为什么"秀才不出门，能知天下事"，而今全球也成了"村"？人创造了媒介，用媒介延伸了自己，使语言能跨越时空，使耳目能赛过顺风耳、千里眼。广播诞生在加拿大，正是由于地广人稀的加拿大特别需要用广播延伸人们的耳朵，于是发明广播的马可尼从英国来到了加拿大。

为什么秀才成了书呆子、读万卷书不如行万里路，理论总是灰色的、生活之树常青？纳粹狂热、"文革"狂热怎么来的？媒介制约了人，使人在很大程度上局限于媒介给出的信息和意义范围，禁锢了人们的思想，误导了人们的行为，带来了许多矛盾和冲突。

《圣经·旧约》上说，人类的祖先最初讲的是同一种语言。他们在底格里斯河和幼发拉底河之间，发现了一块非常肥沃的土地，于是就在那里定居下来，修起了城池。后来，他们的日子越过越好，决定修建一座可以通到天上去的高塔，这就是巴别塔。他们用砖和河泥作为建筑的材料。直到有一天，高高的塔顶已冲入云霄。上帝得知此事，立即从天国下凡视察。看到后又惊又怒，认为这是人类虚荣心的表现。心想人们讲同样的语言，就能建起这样的巨塔，以后还有什么办不成的事呢？于是决定使人世间语言不通，无法建成通天塔。结果人们无法齐心协力，通天塔半途而废。语言正是一种媒介，可谓成也萧何败也萧何，这个故事很有象征意义。

新兴的媒介给人们新的感知、思考、交往的方式和能力，给信息和观点、知识和经验、思想和理论的传播交流，带来新的广度、深度、速度和方便程度，推动人和社会的发展进入新的境界。然而同时也带来新的制约，例如网络、手机媒体带来碎片化、肤浅化、娱乐化信息泛滥，有价值信息被淹没。

第二节 新闻媒介对人的直接影响

一 影响人的注意和认知

人们谈论的话题哪里来的？人的主观世界是客观世界的反映？为什么我们每个人头脑中的美国都不同？这些问题都与新闻媒介影响人的注意和认知有关。

1. 对注意和认知的一般影响

新闻媒介不仅使人能注意到时空遥远的信息，还影响人们注意什么。新闻媒介关注的人和事一般总是比较重要或有意义的，至少是比较令人感兴趣的，于是人们就习惯于把新闻媒介中的内容作为议论的话题，于是新闻媒介对注意的影响不仅在传播的时候，而且延续到传播以后。媒介的“议题设置功能”正是由此而来。

认知即认识知晓，包括感知和理解。认知既可以是动词，指认识活动的过程；也可以是名词，指这种过程的结果。具体而言，认知就是对信息的接收、检测、转换、简约、合成、编码、储存、提取、重建、概念形成、判断作出和问题解决等过程，以及由此而产生的相应认识知晓。新闻媒介的内容作用于人们的大脑，引起知晓与否的变化，知识增加和知识结构的变化，属于认知层面的影响。小至对某件事情的了解，大至对整个世界的认识。

新闻媒介的把关人——编辑记者、媒介的主办主管机构等，不仅把了传什么和不传什么的关，还有意或无意地把了怎么传的关，影响人们看什么和怎么看。新闻媒介关注的人和事令人感到重要，成为关注对象，就是由媒介把关影响认知的结果之一。

2. 媒介世界的影响

我们常说，客观世界决定主观世界，主观世界是客观世界的反映。这在总体上是对的，具体上则未必。我们直接看到了多少客观世界？我们头脑中的中东、美国、整个世界，真的就是客观世界的反映、而不是媒介把关人想让我们看到的世界？为什么过去我们认为世界上有三分之二的人生活在水深火热之中，只有中国、朝鲜等几个国家的人生活在幸福之中？为什么我们刚听到邓小平复出、薄熙来出事、伟人的私生活时大为震惊？有人第一次到美国后不解地说：原来美国也有许多难看的人。

现代人亲身直接从真实世界得到的认识，相对来说是不多的，而且还不一定有代表性，例如某人看到几个不好的民工，由此认为民工都很差，而实际并非如此。人们对世界的全面认识，已经必须依赖于新闻媒介。同时由电子媒体构成的“媒介世界”，比过去由印刷媒体构成的“媒介世界”更能令人当真，许多电视观众对环境的认识，对事物的看法，与电视所呈现的十分相近。人们的主观世界比以往在更大的程度上被“媒介世界”所影响和复制，成为“媒介世界”的翻版。

然而媒介世界只是真实世界的映像，与真实世界并不相同，有时甚至相去甚远。大众媒介对世界的反映不可避免地带有一定程度的主观性。由于传者的认识有限，由于利益关联等局限，由于媒介环境的各种影响制约，这种反映总是会有偏差的，有的甚至恰恰相反，成为人们认知的障碍和陷阱。如果媒介也有意无意地流露出民工都很差的看法，人们就容易相信了，尤其是对于没有接触过优秀民工者。

不同的媒介有不同的“媒介世界”。即使是接触同一个媒介，各人所得也不同。因此各人有不同的“媒介世界”。由此影响或形成各人不同的主观世界，进而影响人们的思想、情感和行为。调查显示，接触大众媒介越多、对大众媒介的依赖越强者，其思想观念与其接触的媒介也越接近。

可见媒介能否真实、全面、客观、公正地反映世界，对社会、组织和个人都至关重要，因而也是衡量媒介优劣的重要标准。我们不能仅做好新闻宣传工作、新闻舆论工作，也要做好新闻信息工作。

而作为受传者，则应知道媒介世界与真实世界的一致是相对的，不一致是绝对的。而且，天灾人祸等负面信息往往更被人关注，因而也更被媒介关注，不能以为负面事物在新闻中占多少比重，在现实世界中也占多少比重。西方受众已习惯于新闻报道的一半左右是负面的，另一半中，大部分也是中性的，正面报道的比重很小。这与受众对新闻的需求是相应的，我国新闻媒介也有此趋向，而我国受众则还要有个适应的过程。

二 影响人的思想和情感、态度和行为

1. 影响人的思想和情感

为什么许多领袖从报刊起步？为什么只看电视不看报纸的人思想观念会比较保守？一个人的死怎么能比一万人的死更令人震撼？这些问题都与新闻媒介影响人的思想和情感有关。

信息作用于人们的理性思维，产生思想观点的变化，属于思想层面的影响。尽管在许多情况下，人们的思想观点有一定的独立性，在大众传媒面前并不会像靶子中弹那样应声而变，但大众传媒仍能影响人们“怎么想”，不仅传媒中的意见性信息会有这种效果，事实性信息、对认知的影响也会，甚至“事实胜于雄辩”。许多思想层面的影响虽不明显，但在日积月累中潜移默化地改变着意义框架、立场观点。

人的思维方式如形象思维、抽象思维，线性思维、发散思维，机械思维、辩证思维等等，也受到大众媒介的很大影响。印刷媒介在社会传播活动中占主导地位的时期，人们自然而然地重视书面语言符号的使用技巧，重视文章的逻辑、修辞等，思维方式也趋向于语言文字的线性顺序和条分缕析。从左到右排列字母的线性化拼音文字体系所产生的这种影响，比整体化构架的象形文字体系更强。这可以在一定程度上解释为什么西方分门别类的科学比较发达，如西医，而东方天人合一等整体性思维比较发达，如中医。现在东西方都已认识到自己的不足，从而进行着取长补短。

电视成为占主导地位的媒介以后，人们对书面语言符号使用技巧的重视有所减弱，转而强调声像效果和全息传播。西方重视东方的整体化把握世界也是始于电视时代。近年来网络和手机媒体的普及，又带来快餐化、碎片化、跳跃式的思维和行为方式。

信息作用于人们的情感，产生情感、情绪的变化，属于情感层面的影响。不仅情感性信息会有这样的影响，事实性、意见性信息也会。有的事实催人泪下，有的事实令人愤懑。对事物的理解能带来更充分、更深入的感受，错误的理解也会产生错误的情感。

新闻传播在影响情感方面也有很大的弹性空间，例如可以让一个人的牺牲比万人的牺牲更令人激愤——如果这一万人的牺牲只反映在一个阵亡数字，而这一个人的牺牲得到了震撼人心的具体再现。恐怖主义者把砍下美军俘虏头颅的过程

摄录下来寄给美国电视台，电视台播出后引起对恐怖主义的极大愤慨。

西方报纸上较长的报道往往从具体细节写起，产生情感引领效果。例如先描写一位男子与妻子吵架后饮弹自尽，因为他已失业半年多，且看不到再就业希望。进而引出失业使离婚率上升的数据，引出失业问题的严重程度和解决方案争议等等。

2. 影响人的态度和行为

态度是一种具有倾向性、持续性的情感状态，含有认知、情绪、需要、意志等多种因素。态度是行为的准备状态，对行为有促动、引导、控制、协调作用。

新闻媒介对受众的注意和认知、思想和情感的影响，都会带来相应的态度和行为的变化，产生态度和行为层面的影响。其中有的影响是直接的、明显的，有的则是间接的、深潜的。

新闻媒介又通过传播方式影响行为。包括接收和发送信息的方式——途径、模式、形式等。

人们的态度和行为大都是有意识的，也有许多是下意识的。而即使是下意识的态度和行为，为什么是这样的而非那样的？深究起来，往往也可看到大众媒介的影响作用。

影响态度和行为是许多传播的最终目的，尤其是那些急功近利的传播，如选举鼓动、商业广告。

在影响态度和行为的过程中，大众媒介通过各种中间环节、"中介因素"而产生作用。包括各种内在和外在、主观和客观因素，如心理倾向、选择过程、人际关系、群体环境、社会环境、传播工具和体制等等。大众传媒最经常的倾向不是引起受众态度的改变，而是对他们既有态度的强化。大众传媒要改变人们的态度，需中介因素产生与传媒一致的作用，至少不再影响态度变化或起相反作用。此即"中介效果论"。

人们新的感觉如果与原有的经验、情绪、认知结构不平衡，会产生心理紧张，形成一种力求恢复平衡的力量。这时属于不稳定状态，易于发生态度的改变。而在平衡、稳定、心理和谐的状态下，则抗拒态度的改变。此即"平衡论"。

人们还意欲通过相互影响，取得一致的意见。如果意见不一致，就可能设法使对方改变，以形成均衡关系，保持或增进心理上的愉快。人们更愿意结交跟自己意见一致的人。此即"均衡论"。

受传者倾向于跟传者（如媒介）保持和谐关系。如不和谐，则或改变自己的态度以适合传者，或否定、改换传者。人们对传播内容也会如此，接收不和谐的信息时，可能改变自己，也可能曲解信息，如无法曲解，就可能怀疑、否认其可信性。因此传者要维护和谐，因势利导，在有把握的时候、以有把握的方式影响、改变受众的态度。此即“和谐论”。

不和谐是常态，完全的和谐一般不可能。很不和谐又会形成心理上的不舒服，使受传者避免接触引起不和谐的信息。而在不得不接受时，则会寻找有利于心理和谐的理由。如某人买了一辆车，两个月后这种车大跌价，他会回避这个跌价信息，或者对自己说，我已经享用了两个月，而且有几次还幸亏有了这个车。此即“认知不和谐论”。

人们态度的形成和改变，是因为这样会有一定的作用，如能够获得安全，增多利益，减少付出，丰富知识和经验，提升地位和形象，自我肯定和证明。传者掌握了某种态度会带来的好处，就能使形成或改变态度的努力容易成功。此即“功能论”

有人根据这些理论和规律，设计出了一些劝服的方法，例如：

（1）刺激——反应。通过暗示和重复，在刺激和反映之间建立联系。

（2）引发动机。人们的动机主要来自需要。根据心理学家马斯洛（A. H. Maslow）的需要理论，人们有5个层次的需要：生理的、安全的、社交的、受尊重的、自我实现的。能够激发这些需要，就能引起动机，影响态度和行为。

（3）利用人们的模仿心理和从众心理，或提供令人向往的性格、情境等，或揭示社会的普遍认同，引发劝服对象的不和谐感和跟从欲望。

各种宣传，包括政治宣传、广告宣传、营销宣传、品牌宣传等，主要的、最终的目的大都是改变人们的态度和行为。其中有的对受传者也是有益的，但更多的只是从传者的需要出发，甚或只是对传者有利，使受传者吃亏，如让人买了本来无须购买，或无须买这么多、无须以这么高的价格购买的产品。

三 影响人的社会化和全面发展

1. 影响人的社会化

人的社会化即指自然人（或生物人）成长为社会人的过程。刚出生的人，仅仅是生理特征上具有人类特征的一个生物，而不是社会学意义的人。他（她）必须渡过一个特定的社会化期，经过一个接受社会文化的过程，即通过学习、模仿，使社会的活动方式、行为规范和思想观念内化为自己的，并逐渐熟悉各种生活和交流技能，慢慢成人。这也是适应社会生活、承传社会文化的过程。狼孩猪孩等就是没有经过社会化的结果。

新闻媒介是看社会的重要窗口，人们越来越多地从中学习、模仿。现在我们经常看到，许多孩子的语言、知识、思想观念、行为方式，都很成人化，大都是从电视得来的。在新媒体时代，学校以外的学习更加重要起来。

2. 影响人的全面发展

人的全面发展包括人的体力和智力、知识和思想、道德和精神、性格和心理等各种素质的发展，认知和思考、操作和社交、决策和创造等各种能力的发展。要而言之，就是德、智、体、美、劳的全面发展。

在当今社会，新闻媒介作为重要的信息来源，对于人们发展各种素质已是不可或缺。新闻媒介还提供思想养料和参与机会、文化养料和心理保健、艺术养料和创作园地，大大帮助人的知识积累、见识增长，智力开发、能力培养。

人的全面发展需要通过实践。创造人的全面发展的条件需要认识世界、服务世界、改造世界的实践。提升人的素质和能力，包括积累知识和经验，发展思想和能力，也都需要实践。就连人的感觉和行动器官，如美术的眼睛、音乐的耳朵、能工巧匠的手，也要在实践中形成和发展提高。而在现代社会中，新闻媒介是十分重要的实践工具和平台，新闻传播是很好的实践锻炼，可提升交往能力、表达能力和社会素养。新媒体使我们每个人都能成为公民记者。通过在新闻媒介上发表其他作品也可提高创作能力，许多作家最初是给报刊写稿，从中获得了很大的兴趣刺激和能力提升。

3. 明智地选择和使用新闻媒介

用什么和怎么用媒介，既反映了、又影响了人的发展。有调查显示，：人群的文化程度与看报纸的量成正比、与看电视的量成反比；乔布斯等 IT 大佬严格限制自己的孩子使用电脑和智能手机；著名社会学家顾骏、科学史家江晓原等许多学者弃用 4G 手机。

由于各种媒介都有其长短，各种媒介的内容又很丰富复杂——媒体融合时代尤其如此，孩子用什么媒介、怎么用媒介——用多少时间、看什么内容等等，一般都需要大人的指导。大人又何尝不用指导，只是许多人并不了解，货并不认为自己需要指导。许多人往往倾向于过高估计媒介对他人的影响，过低估计对自己的影响。[①] 每个人的传媒素养对于自己的发展，有如保姆的文化素养对于孩子的

① 参见禹卫华《中国大陆首次实验法“第三人效果”研究》，《国际新闻界》2009 年第 2 期。

成长。

就个人而言，人选择媒介，媒介影响人，进而影响人对媒介的再选择，如此循环形成人们素质的“马太效应”。大多数成年人都是随波逐流地使用媒介，于是那些懂得不同媒介的特点和长短、能自觉把握者就可在人生发展中胜出一筹。

第三节 新闻媒介与受众

一 受者与传者的关系

1. 相互依存、影响和转化

传者与受者谁是主动者？这似乎又是一个先有鸡还是先有蛋的问题。但这关系到如何处理好两者的关系，达到较好的传播效果，值得认真探讨。

没有信息的传送，就没有信息的接收，没有传者，就没有受者。传者传出什么，受者只能收到什么，无法更多。从这个意义上说，传者是主动者。

然而，受者可选择性地注意、理解和记忆，在当今时代，受者已能在众多的传媒中自由选择。这种选择决定了传媒的存在价值。因此传者传什么、怎么传，都必须符合受众的需求，得到受众的认同。如果受众不接受，传者就得设法“改变自己不能适应的，适应自己不能改变的”。改变受众的难度很大，时间也会很长，改变自己相对容易得多。而且即使要改变受众，比如说提高受众的品位，创造受众的需求，传者首先也要改变自己，设法让受众认同、接受自己，然后才能因势利导。如此看来，传者要看受众的脸色行事，受众又是主动者。在传媒市场化程度越高的地方，受众的主动权、受众对传者的影响也越大。

可见传者与受众是相互依存、相互影响、共生共荣的。传者可以在影响受众、引导受众方面有所作为，但如果完全从我出发，以我为主，往往反而达不到预期目的，甚至适得其反。在传媒市场化程度越高的地方，受众对传者的影响越大。

传者与受者还会相互转化。受者可通过传媒机构或自己直接在新媒体上发出信息和看法，成为传者。而传者在接收其他媒介的传播时，便成了受者，在接收受者接受状况的反馈信息时，也成了受者。只有做好了学生，才能做好先生，只有做好了受者，才能做好传者。

2. 相互选择和追逐

一方面，传者选择自己的目标受众群，尽力获取受众；另一方面，受者也选择符合自己需求的媒介，获得尽可能方便、迅速、充分的传媒服务。这与男女之间颇为相似。传者像男方，一般有更多的责任，广种薄收；看似很主动，实际上往往很被动，要看对方的脸色行事，可以说是宏观主动，微观被动，理论上主动，实践上被动，表面上主动，实质上被动。受者像女方，一般比较任性，只对中意者青睐有加，以至锲而不舍；看似很被动，实际上往往暗送秋波，醉人于石榴裙下。双方经过一定的时间，达到心有灵犀，如胶似漆，或终于同床异梦，劳燕分飞。

传者有时会以自己的强势地位，千方百计迫使对方接受自己，但对方即使暂时接受了，一旦有了新的机会，就会红杏出墙、投怀送抱、改换门庭。高明的追逐者往往使自己反而成为被追者。宣传是要追逐受众的，新闻是受众要追逐的，宣传用新闻说话，就可变自己为被追者。男追女相隔千山万水，女追男只需捅破一层纸。

3. 因时因地而异

在媒介稀缺、供小于求的时候，在人们获取媒介受到很大限制的地方，传者的主动权很大，传什么，怎么传，基本由传者决定，受众只能逆来顺受。

现在大不一样了。传媒已大大增加，社会环境、接受条件等限制大为减少。例如看电视，受众可随时按下遥控器切换频道，或通过 IP 电视、网络电视回看、选播，传者的节目安排，包括广告内容、方式和播放时间，都要有相应的改变。可以说，现在已是传者与受众“男女平等”“自由恋爱”的时代，甚至已经是经济和技术高度发达、大众传媒供大于求的“男多女少”“女权伸张”的时代。不过往往，受者任意的、主动的选择，只是跳进了传者挖的坑。

4. 对两者关系的处理

作为传者，应以受众为传媒的最高利益、根本目的所在，为传播活动的出发点和落脚点，在获得受众的选择、满足受众的需求过程中，发挥传者的积极作用，包括引导、教育作用，实现传播的各种社会价值。

为此，传者要认真研究受众的动机、需要、态度、个性、心理等等，有时还要设法让受众认识到自己的需求，从而获得受众的认同和积极反应。

在方法上，不仅不能目无受众、自说自话，还要尽可能采取受众容易接受的方式，包括巧妙的启发引导，让他们自觉自愿地接受。

传者还可通过自己的质量、品牌、性价比、独特性，帮助和赢得受众的选择，甚至养成受众的口味，培育、创造自己的忠实受众。

在信息爆炸、媒介多元时代，受众的时间、精力、对媒介的选择能力日益显得有限，在媒介选择上日益需要帮助。传媒可以通过独特的媒介品牌，通过对内容的精选，让受众方便地获得自己所需的优质媒介和内容，从而赢得受众的选择。报刊摊亭前，大多数购买者不是翻看了以后才卖的，而是直接指定买哪种报刊。我们要掌握传媒市场主动权，除了要努力赢得受众的即时性选择，还要影响、争取他们的再选择。

受者对媒介的选择性注意、理解和记忆，会受到媒介的很大影响，这给传媒引导受众和培育、创造自己的受众提供了基础。许多厂商通过让消费者试用，有效地推广了他们的新品，许多人起初觉得可口可乐有“药水味”，后来对这种味几乎上了瘾，新闻媒介的使用比一般物品更不容易饱足，更能够越用越想用。

新媒体的传播效应、社会作用，社会效益和经济效益，都日益受到受者的影响，包括他们的自行选择、发送、转发和评论的影响。作为受者，应提高媒介素养，履行好自己的义务，对他人、包括传者产生正面积极的作用，避免造成负面消极的影响。

二　受众的权利和义务

受众的权利是公民的权利在大众传播中的体现。受众应有知晓、参与、表达、监督权，以及其他一些权利，同时也要履行相应的义务。

1. 知晓权

受众的知晓权是指受众通过新闻媒介获得公共信息的权利。这是公民知晓权的自然延伸，也是实现公民参与权、表达权、监督权的前提——不了解情况就没有发言权。

作为社会的成员，国家的公民，受众有权按照个人所能选择的方式，包括各种新闻媒介，得到或探求各种与其利益相关的信息，包括个人信息和公共信息。当有关信息直接影响到人们的活动、要求人们不得不做出决定时，保障受众的知晓权更显得重要。凡有意扣留重要信息，或传播虚假信息，都是侵犯了受众的这项权利。

公共机构、包括政府的存在及其运行，是依靠人民创造的财富来维持的，它们在公务活动中产生、制作和获取的信息，也是利用公共资源的结果，应属于全体人民共有的公共财产。因此从所有权的角度看，它们也应当将其拥有的公共信息及时公布，让人民知晓，如同税收一样，“取之于民、用之于民”。

绝大多数信息，包括公共机构的信息，人们无法迅速、及时、充分地直接从信息源获得，只能通过新闻媒介。人们赋予了新闻媒介许多必要的权利，包括获取公共信息，同时也有权从新闻媒介迅速、及时、充分地得到公共信息，实现知晓权。

2. 参与、表达、监督权

在现代社会中，人民应有参与社会公共事务的权利，包括通过新闻媒介参与。新闻事业有很大的社会影响力，也是一种公共性活动，人民也应有权参与其决策、管理和运行。

表达是人的基本需求之一。人要进行社会交往，要得到社会的承认，要实现自己的人生价值，都需要通过表达。作为受众的表达，包括向传者反映情况和发出反馈意见，对媒介即其内容进行评论、申辩等。

受众的监督权包括两个方面。一是受众有权通过新闻媒介，实施对社会尤其是对权力机构和人物的监督。二是受众有权监督新闻媒介及其背后的各种传者，令其恪守职业道德，具有职业精神，承担应尽义务，履行社会责任。

上述权利相互关联。知晓了才能参与、表达和监督；参与了就能更好地知晓、表达和监督；能表达才能参与和监督；知晓、参与、表达的目的之一就是监督，而对权力和传媒的有效监督，也是知晓、参与、表达权的保障。

3. 其他权利

受众权利还有与大众传播相关的名誉权和隐私权，媒介选择权和利用权，以及媒介消费者权利——有权得到一定数量和质量的传播内容及其他服务，不被其消费的产品所伤害、包括免受不良信息的污染、虚假信息的欺骗、错误观点的误导。

4. 对受众权利的限制

受众的权利也必然要受到限制。毫无限制的知晓权和表达权是不存在的，至少有国家安全、商业机密的限制，不得传播色情暴力内容的限制，不侵犯他人隐私权、名誉权、肖像权、著作权的限制。

对受众的权利也应采取最大和最小原则，即予以尽可能大的保护，尽可能小的限制。而且这种限制必须是公开的，规范的，得到公众认可的。

5. 受众的义务

受众的义务就是受众应做的分内事，首先是遵守对权利的必要限制。此外还有义务履行“匹夫之责”：

帮助、促进传媒承担社会责任。传媒是社会公器，应为大家服务的，办好传媒也是匹夫有责，大家都应关心和支持。可通过购买、选用社会效益好的传媒（这对市场化运作的传媒是很有力的支持和鼓励），也可以通过给他们提供信息、稿件、意见和建议，以及帮他们宣传推广。

不鼓励、不帮助对社会有害的传播及其媒介，抵制不良传播和盗版行为。对传媒不能很好地履行社会责任提出批评监督，

第四节 新闻媒介与社会群体

社会群体可分为各个阶级、阶层、民族、社会集团或各种性别、年龄、身份、爱好等等的较大人群。新闻媒介与社会群体心理的关系，是新闻媒介与社会群体的普遍性关系，新闻媒介与各种社会群体又有特殊关系，需要分别研究和专门处理。

一 新闻媒介影响社会群体心理

1. 社会群体心理的形成

心理是生物对其外部世界的主观反应。人的心理现象有心理过程和人格。前者包括认知、情绪情感和意志意念等产生、发展、变化、消失的过程，后者表现于需要、动机、能力、气质、性格等。

社会群体心理是指弥漫在社会或其群体中的心理状态，简而言之，就是社会中许多人共有的心理，表现在人们的感情、情绪、风俗、习惯、传统、社会风气、群体行为等等中，有广泛性，群众性，会产生很大的社会影响。

社会群体心理也是外界事物或者外界元素作用于人之后内心反应的结果，包括知、情、意、趣等多方面的心理堆叠、综合作用，往往是潜移默化地形成的某种思维定式。例如人们对某国的看法，即使没去过没见过，但一想起来就会想到某种样子，可能是符合实际的，也可能是很离谱的。

2. 新闻媒介对社会群体心理的影响

新闻媒介经常不断地、有意或无意的影响着社会群体心理。在人们的事实性、意见性、情感性信息很大程度上来自新闻媒介的时代，这种影响也就会很大。

新闻媒介通过信息、交流、宣传、文化等功能产生一般作用和特殊效应，如晕轮效应、模仿效应、刻板印象效应、排气阀效应、逆反效应。

晕轮效应：人身上的某一方面特征，掩盖了其他特征，形成人际认知的障碍。

例如有的老年人对青年人的个别缺点，或衣着打扮、生活习惯看不顺眼，就认为他们一定没出息；有的青年人由于倾慕朋友的某一可爱之处，就会把他看得处处可爱。明星的光环就是明显和常见的晕轮。

新闻媒介有“授予地位作用”，还会有美化、丑化、强化等作用，从而产生晕轮效应，如形成追星心理、物质崇拜心理等。

模仿效应：大众媒介中的人物成为人们的模仿对象，产生榜样作用。“维特效应”就是一种模仿效应：德国大文豪歌德的小说《少年维特之烦恼》讲了一个青年因失恋而自杀的故事。发表后产生巨大轰动，还引起心理上的“流感”：在欧洲引发了模仿维特自杀的风潮，以致好几个国家将该小说列为禁书。

2003 年 4 月 1 日，张国荣自杀事件发生后，媒体的报道连篇累牍、大肆渲染。结果从当天深夜到第二天凌晨 9 小时内，全香港有 6 名男女跳楼自杀，其中 5 人不治，当月香港共有 131 宗自杀身亡个案，较 3 月份增加 32%。有几名死者留下遗书，清楚写明其自杀与张国荣轻生有关。新闻媒介当反思和警醒，不应炒作自杀个案，或将其“娱乐化”处理，而应在报道时采访一些专家学者等，实施心理危机干预，启发公众对自杀背后社会问题的思考和讨论，从而避免类似事件再发生。

作家韩寒曾在 1999 年上高一时，获得首届全国新概念作文比赛一等奖，但期末考试七科不及格，只能留级，被报道后引发社会关于教育问题的激烈讨论。2000 年他又挂科七门，4 月退学，但很快发表了长篇小说，获得畅销，一举成名。2001 年出版文集《零下一度》，获得当年全国图书畅销排行榜第一名。2002 年又出版小说《像少年啦飞驰》……经媒体大量报道，一时掀起了韩寒热。许多初高中生竞相效仿，埋头写作不顾学业，成绩大滑坡，教师和家长们惊呼：一个韩寒站起来，千万个“韩寒”倒下去！

刻板印象效应：所谓刻板印象，是指对某人或某一类人还没有实质性的交往时，就有一种比较固定的、类化的看法，简单笼统而又不易改变的评价。

人们经常把某个或某些人看作是某类人的典型，或者反过来，把对某类人的评价视为对某个人的评价，因而影响正确的判断。例如认为老年人都是保守的，年轻人都是爱冲动的；北方人都是豪爽的，南方人都是精明的，又如有的领导者认为爱挑毛病的人一定是“刺儿头”，沉默寡言的人一定城府很深；活泼好动的人一定办事毛糙，性格内向的人一定老实听话。

排气阀效应：由于受到额外的关注、压抑的情绪得到宣泄而引起绩效或努力上升。

排气阀效应又称霍桑效应。霍桑是美国一家工厂的名称。该厂具有较完善的娱乐设施，医疗制度和养老金制度等，但员工们仍愤愤不平，生产状况也很不理想。为探求原因，1924 年 11 月，美国国家研究委员会组织了一个有心理学家等参加的研究小组，在该工厂开展了一系列的试验研究，中心课题是生产效率与工作物质条件之间的关系。研究程序中有一个"谈话试验"，即用两年多的时间，专家们找工人个别谈话两万余人次，并规定在谈话过程中，要耐心倾听工人们对厂方的各种意见和不满，并做详细记录，对工人的不满意见不准反驳和训斥。

这一"谈话试验"收到了意想不到的结果：霍桑工厂的产量大幅度提高。原来，工人长期以来对工厂的各种管理制度和方法有诸多不满，却无从发泄。"谈话试验"使他们的这些不满都发泄出来了，从而感到心情舒畅，干劲倍增。社会群体心理学家便将这种现象称为"霍桑效应"。

新闻媒介反映、传达人民群众的批评意见，既有信息传递、意见交流、舆论监督作用，又可产生霍桑效应。

逆反效应：产生与传者意图相对立的抵触情绪、反向思辨或行为倾向。一般表现为：强化原有态度——例如新闻媒介宣传的态度与受众原来认同的态度完全相反时，受众往往会强化自己的原有态度；作出逆向选择——例如媒体对受众未知的具有新闻价值的事件保持沉默或批评，受众反而赋予这些事更多的兴趣；贬损宣传者——例如传播内容是受众已较为了解的，而媒介宣传却与受众了解的相反，受众就会贬损宣传者。

新闻媒介的失实、失当、失策是造成逆反效应的重要原因。过去我们曾以政治需要压倒一切，按宣传要求管理媒介，对社会主义国家中的人和事只报道好的、不报道差的坏的，对资本主义国家中的人和事则相反。许多人对此不明真相，盲信盲从，改革开放后方知世界并非自己过去深信的那样，于是对我们的宣传产生逆反心理。或什么也不听不看，或正面文章反面读。心目中的世界由太阳是中国的红，变为月亮是外国的原，由三分之二以上的人民生活在水深火热之中——当然都不在中国，主要在资本主义国家，变为只要走出国境、哪怕是到一个盛产鸟粪的小岛待下来也是英雄好汉，西方更是满地黄金的极乐世界。有的青年教师曾经言必称马列，出国访问学习后言必称西方。物极必反，话说过头、事做过头，都会产生逆向的、反向的效应，新闻媒介也是如此。

二　新闻媒介制造和利用社会群体心理

由于社会群体心理会产生很大的社会影响，政治家、阴谋家、商人等各种政治、经济力量经常通过新闻媒介影响、制造和利用群体心理。其中有的是对社会和公众有益的，有的则是有害的，干扰了人们的正确认识与合理判断，误导了人们的行为。前者如反法西斯战争中唤起英雄崇拜心理，后者如纳粹党的制造仇视犹太人心理，广告商的制造羡慕某品牌心理，让人买了不该买或不该买这么多的商品，花了不该这么高的价钱。社会和公众对此要有所了解和防范。

1. 制造社会群体心理

这种制造除了通过直接控制媒介，还通过影响媒介人和传播内容——进行内容检查、控制信息源、制造新闻事件……公关、广告公司经常策划和实施这种事件的制造。

2。利用社会群体心理

首先是从新闻媒介了解社会群体心理，包括进行内容统计分析，从而采取相应对策。

在新闻媒介上释放出迎合社会群体心理的信息和观点，则是直接的利用手段。即使原来的社会群体心理是正确的，这种迎合也可能会使之像真理往前多走一步那样变成谬误。

股市涨到头部时，许多机构和个人都买了股票，看涨成为普遍心理。有些进行低吸高抛的投资机构便通过新闻媒介推波助澜，把股价推向远远超涨，伺机卖出。人们往往倾向于接受与自己的观点和利益一致的意见或信号，事后人们才发现有的著名投资机构也是唱多做空，假买真卖，然而上当者悔之已晚。股市跌到底部时则出现反向的情况，即唱空做多，假卖真买。

2007 年国内有家公司开发了一种信息产品：把新闻媒介上人们对股市下一交易日涨跌的倾向性意见汇集起来，进行数理分析，每天得出看涨看跌指数，供投资者参考。然而几个月后，这个本来以为可卖得很好的产品悄悄下架了。原来用了几个月后发现：虽然指数没错，但大多数结果却是，看涨指数高的日子反而跌，看跌指数高的日子反而涨。实际上，有些资金量很大的投资机构，正是利用新闻媒介上反映出来的股民心理，进行高抛低吸。那些看涨看跌的意见，有些也是他们炮制出来的。有的外国投行还利用人们对外国投资机构的经验和眼光的信任，在大肆唱多做空或唱空做多时，把我们许多缺心眼或缺德性的媒介人当枪使。

三 新闻媒介与各种社会群体

新闻及其媒介对不同的人群，如不同的年龄、身份、兴趣等，有不同的新闻价值和使用价值。促成不同的针对性媒体，如青年报、经济广播电台、体育电视频道等。产生不同的利用、效果和问题，引起各种针对性研究，如残障人群的媒介使用、负面新闻对管理者的第三人效果、新闻媒介对医患关系（医疗机构及其人员与病人及其家属的关系）的影响等等。

以青少年为例。与其他人群相比，青少年对社会的了解更多地来自新闻媒介，加上他们涉世不深，既容易得到新闻媒介的好处，也容易受到其误导。世界上传媒素养问题的提出，正是从看到大众媒介对青少年的负面作用开始的。世界报业协会还发起过“报纸进教育”的活动，鼓励免费送优质报纸给学校。

青少年学习、使用新媒体的能力很强，现在他们比年龄大的人更多地从新媒体获取新闻和评论。然而内容选择、分辨和自我控制能力较弱，容易轻信和情绪化。新媒体中有益和有害的内容都远比传统媒体中多得多，即使是无益无害的内容，也会浪费青少年许多宝贵时间精力，加上新媒体的接收终端与电子游戏等娱乐工具融为一体，青少年容易沉溺其中过度娱乐，乃至有损于视力和身体健康。对青少年使用新闻媒介的指导、青少年新闻素养和媒介素养的提高，现在比以往任何时候都重要。

第二部分

媒介与社会的关系

传播媒介通过影响人，进而影响社会的各个方面，反过来，社会的各个方面又对人和传播媒介产生直接或间接的影响，如此循环往复、波浪式前进。

政治、经济、文化、社会与传播媒介的关系：

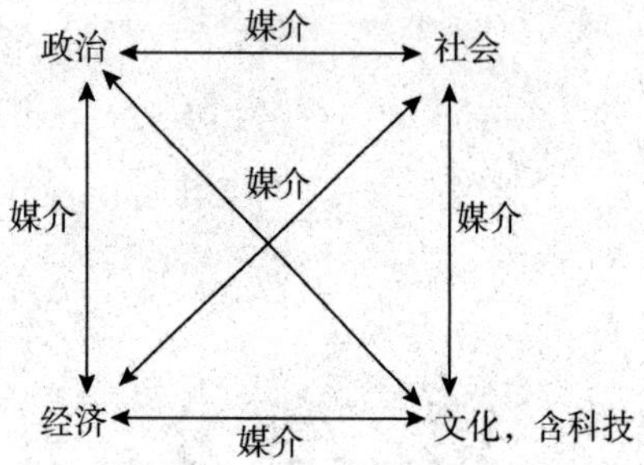

第五章　新闻媒介的社会角色

“角色”是借用戏剧名词，社会角色指的是与社会地位、身份相一致的一整套权利、义务和行为模式。它伴有人们对处于特定位置者的期待。

新闻媒介的作用决定了它们在社会中的信息渠道、监督环节、文化装置、宣传工具角色。要充分关注、遵循这些角色的要求和规律。

第一节　社会系统中的新闻媒介

一　社会结构和社会系统

1. 社会结构

结构是事物各个部分的布局和相互关系。可从不同的角度看社会结构。

从社会形态看，有经济基础，上层建筑和意识形态。以物质生产活动为基础，人们在其中形成一定的生产关系和社会关系，在此基础上有一定的组织机构和制度规范，以及相应的意识形态。

还可从其他角度看社会结构，主要有：

空间结构，包括地域结构，城乡结构；

人群结构，包括人口，民族，阶级，阶层；

系统结构，包括政治、经济、文化、信息、监督、安全系统。

2. 社会系统

有人说，社会像一架机器，各部分相互关联。而从系统的角度看，社会更像一个人：

政治——大脑

经济——骨骼和肌肉

文化——血液
信息——神经
监督——免疫
安全——皮肤
无形部分——精气神

任何比喻都是蹩脚的，社会系统与人体系统也不能完全对应，但可从中看出大体状况。而且，社会系统中的各个部分能在一定程度上自我修复、衍生，这也不同于机器，而更像生命体。

上述系统都是社会大系统中的子系统。各子系统之下又有层层子系统。如中国政治系统中有政党、政府、人大、政协等系统，政党中有各党派系统，共产党系统中有组织系统、监督系统、宣传系统，统战系统等，组织系统中又有各级党组织系统。

各系统之间有许多相互交叉的部分。如政府中的商务、文化、安全部门，又分属经济、文化、安全系统，如公检法系统既属于政治系统，又属于安全系统。社会的信息系统、宣传系统、文化系统、监督系统也有交叉关系。新闻媒介系统主要属于信息系统，同时又属于文化、监督系统和宣传系统。

社会系统还有实体存在的部分和无形的部分，如新闻系统有组织机构和思想理论、职业规范、管理制度。

社会的各个系统是相互联系、相互影响的，各个部分也往往如此，包括实体的和无形的部分，形成多维度、多层次的有机关联和运行。许多联系、影响正是通过信息传递交流，包括通过最重要的信息工具——新闻媒介。

二　新闻媒介的重要位置

1. 多重角色

在现代社会系统中，新闻媒介是社会信息系统的重要渠道，文化系统的主要装置，监督系统的关键环节，政治系统中宣传系统的有效工具。这些位置也就成为新闻媒介的社会角色。

其中，信息系统的重要渠道是基本角色，文化系统的主要装置是常用角色，监督系统的关键环节是关键角色，政治系统所属宣传系统的有效工具是必要角色。四折要相辅相成，不应相互排挤。现在，我们仍要区分新闻传播与宣传、与舆论的不同，避免后者对前者的扭曲或排斥。如果社会像一个人，那么新闻媒介既是其中的中枢神经，又是具有杀菌抗毒和报警功能的淋巴结。[①]

有的新闻媒介偏重信息作用，更多地属于信息系统，如各种电讯报、经济报、信息报、广告报；有的偏重文化作用，更多地属于文化系统，如文化、影视报纸；有的偏重宣传作用，更多地属于宣传系统，如各级党报；有的是综合性的，如晚报、都市报。

2. 实际差异

在不同的社会，或同一社会的不同时期，有不同的社会系统结构，新闻媒介在其中也有不同的位置，不同的社会角色。如“文化大革命”中，新闻媒介基本上只属于宣传系统、只有政治工具的角色，而现在，新闻媒介兼有信息工具、交流平台、社会公器、改革利器等角色。

我国革命战争时期的传统，新中国成立之初学习苏联的新闻理论和体制，多年的以政治活动为中心，使我们对新闻媒介的宣传、教育、引导作用十分重视，在管理上也把新闻传媒基本作为宣传系统的一部分。

然而对于社会主义建设时期如何办好新闻传媒，充分发挥新闻媒介的各种作用，包括传递信息、交流意见、守望社会作用，发扬民主、监督权力、保障民权的作用，过去苏联没有解决好，我们也缺乏足够的经验。宣传指挥正确的时候，我们的新闻媒介能发挥很大的积极作用，宣传指挥失误的时候，又成倍地扩大这种失误。平时也经常由于新闻传媒的问题而信息不灵、言路不畅、监督不力。从错误估计形势、开展“极左”运动，到错误认识国情、经济建设冒进；从错误判断 1976 年 4 月初的“天安门广场事件”，到弄虚作假成风、干部腐败严重，都与新闻媒介没能充分发挥制约作用、反而往往成为帮手有关。短板须补齐，矫枉须过正，现在我们要格外强调信息和监督系统对新闻媒介的需要，强调新闻媒介的信息传递、意见交流和舆论监督作用。

第二节　信息系统的重要渠道

一　社会信息系统和新闻媒介系统

1. 社会信息系统

社会的信息系统包括信息的个人传播系统和组织传播系统，内部传播系统和

① 参见谢金文《新闻媒介是社会的神经和淋巴结》，刊于《学者笔谈》（第四辑），上海交通大学出版社 2013 年版。

公开传播系统，新闻媒介系统和其他信息系统，如政务信息、金融信息、情报信息系统。

在整个社会有机体中，信息系统犹如神经系统，一方面随时接收有机体内外部的信息，以做出相应的反馈调节，另一方面向有机体的内外部发出各种信息，推动、协调各方面的运行。社会信息系统出了问题，例如不能真实全面的反映客观现实，或者对现实做出虚幻的反映，那么社会就会像不知冷暖或有幻听幻觉的精神病人。

2. 新闻媒介系统

新闻媒介系统中有报刊和广播电视、网络和手机媒体等系统。可进一步细分出子系统，如报刊系统中有党报、青年报、经济报刊等系统。

新闻媒介真实迅速、全面客观地传递有价值的事实性信息，可使人们准确、有效地了解客观事物，把握大小环境，从而做出正确的判断和行动，小至购物选择，大至方针政策。

新闻媒介还迅速、连续地传递着各种意见性信息，进行宣传、指导、交流、讨论，汇集民智、表达民意、监督权力、凝聚人心，促进社会稳定和谐，科学发展。

新闻媒介连接着社会的个人传播系统和组织传播系统，内部传播系统和公开传播系统，影响到社会的各个角落，是能量最大、影响最广的信息传播系统，在整个社会系统中，相当于中枢神经系统。

二 新闻媒介与公共空间

所谓“公共空间”（Public Sphere，又译“公共领域”），就是公众交流社会信息、讨论公共议题的空间。可以是讨论、聚会场所等实体空间，也可以是由大众媒介构成的虚拟空间。在现代社会中，媒介的虚拟公共空间逐步取代着实体公共空间。①

有政治、经济权势控制的强势空间，也有普通人自发形成的弱势空间。要防范、限制利用公共空间左右舆论，强奸民意，以达到不可告人的目的。同时要倡导“公共空间精神”，主要表现为参与者多元化，交流平等化，讨论理性化。

传统媒体构成的虚拟空间，其自由参与度远远不如实体空间，其对实体空间

① 参见谢金文《新闻学通论》，上海交通大学出版社 2019 年版，第 221—225 页。

的反映也总是与实际有差异。媒介空间还会受到政治、经济利益集团等少数人的操纵控制，使之不能全面、充分地发挥积极作用，甚至把公共空间变成牟取私利的场所。媒介空间又会被商业原则左右，使公共空间的积极效能受到损失，甚至产生负面作用。

新媒体的自由参与度远远高于传统媒体，又可方便地进行现场转播和即时互动，使虚拟公共空间接近于实体公共空间。新媒体还有主体多元、传者隐蔽等特点，难以被完全控制。许多新媒体的传者（包括机构和个人）的非功利性、非商业性，又使传媒商业化的弊病受到一定的抑制。而随着新媒体影响的扩大，政治、经济势力也越来越关注、加强对新媒体的控制。需不断寻求自由传播与社会控制之间的动态平衡。

第三节　监督系统的关键环节

一　监督系统和舆论监督

社会的监督系统相当于人体的免疫系统，其中有法律监督、行政监督、财经审计监督、司法监督、党内监督、人大监督、群众监督（通过电话、信件、上访乃至请愿、游行、网络媒体等等）、舆论监督。新闻媒介能产生很强的监督作用，这种监督成为舆论监督的主要方式。[①]

新闻媒介有公开、广泛、迅速的特点，其舆论监督也就有相应的特点和长处。有些长处是其他种种监督无法替代的，尤其是在由下往上监督权力方面。

有些人认为，公开的舆论监督会有过大的“杀伤力”，有时还会不利于党和政府的形象，可以由内参、情况简报等内部传播系统承担舆论监督的职能。

其实“杀伤力”是可以控制的，而维护、提升党和政府的形象，主要靠保障、提高党和政府的实际质量，包括通过舆论监督的作用，而不能因噎废食。至于内部传播系统的监督，与公开传播的新闻媒介监督相比，至少有如下不足：

（1）不够直接。信息在传递过程中容易被有意或无意地走样。有错失难以及时发现和纠正。监督对象尤其是权力机构和人物，能有很多机会对监督进行干扰制约。

（2）不够迅速。难以及早到达传播的目的地，及时产生作用。监督对象能有

① 参见谢金文《消除新闻传媒舆论监督的盲区》，《上海交通大学学报》（哲学社会科学版）2004 年第 5 期。

更多的掩盖和阻挠时间。

（3）不够广泛。监督性信息和意见的来源十分有限；不能把监督对象置于众目之下，形成强大的舆论压力；不能让更多的人受到教育。

二 舆论监督的对象和方法

媒介监督的对象有权力机构、权力人物和权力活动，以及一般的社会环境和成员。其中最重要的是对权力的监督，一则权力的影响大，二则对权力监督难，其他监督手段都较难监督权力。包括对立法权、司法权、行政权、经济权，乃至新闻媒介的话语权。

新闻媒介实施舆论监督的方法有公开情况、交流意见和实施批评。

公开情况是把监督对象置于公众的注视之下。所谓监督，首先是监，监视、监察，防患于未然，然后才是督，督导、督正。公众清清楚楚地看到了，对被监督者就形成了约束；公众了解了情况，就能有发言权，能进行正确、有效的批评。

交流意见可形成比较正确的舆论。通过意见交换、融合、争辩、补充等，形成比较合理的、大体一致的意见。

实施批评是直接的纠错。这种批评必须实事求是，依法进行，还要区别对象、讲究方法、把握分寸、选择时机、追求效果。但也并不是说，不得有任何失误。只要确实是出于公心，即使有难免的失误，监督对象也应予以宽容。

三 网络监督

互联网给舆论监督带来了很大的便利，大大提高了监督的广度、深度和社会效果。在舆论监督困难的地方，更是成了群众监督、媒介监督的主要方式。

但如果以为有了网络监督就万事大吉了，则未免过于乐观。一则网络信息浩如烟海，容易被湮没。二则网络监督者鱼龙混杂，又往往内容失实，公信力不强。三则网络监督者往往缺乏有关的身份和能力，难以进行深入调查。我们看到尽管有了网络监督，权力滥用、权力腐败问题仍很严重。

如果许多网络监督起不了多少作用，或最终又让大权在握的监督对象来处理有关问题，连监督者也被处理了，那么许多人还是不能、不敢、不想监督，尤其是一些最了解监督对象的人。可见网络监督还需要体制内的配合，需要整个社会的监督机制的完善，包括与其他媒体优势互补，形成合力。

第六章　新闻媒介的社会作用

传播与媒介密不可分，新闻传播的作用也是其媒介的作用。新闻媒介上还有新闻和时事评论以外的内容，它们与新闻传播交织在一起，共同构成新闻媒介的作用。

可从三个维度来看新闻传播及其媒介的功能与作用：一般（普遍性）功能带来一般作用，具体（特殊性）功能带来具体作用、也即具体表现出来的作用，功能的各种发挥方式带来各种相应作用的产生。①

数字化传播对新闻媒介社会作用的结构、内涵和方式都带来很大的影响。

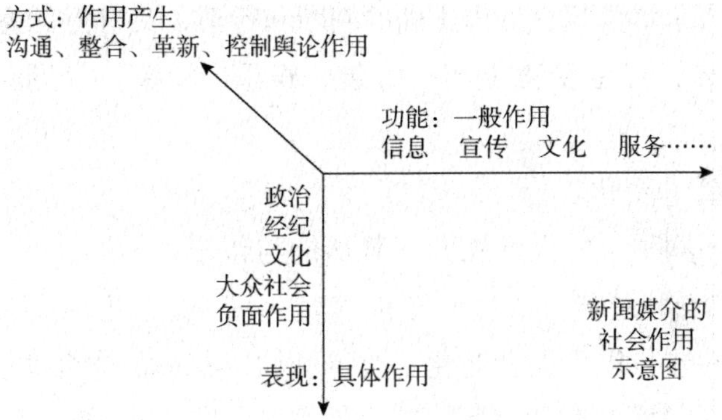

新闻媒介的社会作用三维示意图

第一节　从功能看作用

一　功能与作用

1. 一般功能和具体功能

新闻媒介的功能可分为一般（普遍性）功能和具体（特殊性）功能。

---

① 参见谢金文《新闻学三维新论》，上海交通大学出版社 2016 年版。

一般功能可分为信息、宣传等基本功能，和基本功能的发挥所产生的把关、议题设置等派生功能。

一般功能的实际表现就是具体功能。它们可分为消遣性的和工具性的。消遣性的功能是对个人的，工具性的功能包括对个人而言的了解、学习、交流等功能，对组织机构而言的决策、宣传、公关等功能，对社会而言的政治、经济等功能。

还可从功能的产生方式看具体功能，如对个人的告知、激励等，对组织的指导、协调等，对社会的沟通、整合、革新、控制以及舆论功能。

2. 功能与作用的关系

功能的发挥产生作用。各种功能产生着对应的作用，如信息功能产生信息作用、把关功能产生把关作用。各种功能也可产生其他相关作用，如信息功能也可产生宣传、文化、娱乐等作用。因此，一种功能可有多种作用，多种功能也可有同一种作用，如信息传递、意见交流功能都可有舆论监督作用。

功能一般无所谓正面积极的和负面消极的，作用则不同。嘴有吃喝和说话功能，既有补充营养和表达思想作用，又可病从口入和祸从口出；新闻媒介的信息传递功能既可让人了解真相，做出正确的判断和行动，又有意无意地过滤着信息，让人误信虚拟世界，甚至受骗上当。宣传、娱乐、把关、议题设置等功能也是如此。

3. 不同的侧重和变化

不同时期、不同种类的大众媒介，其功能与作用也不同。当今中国的新闻媒介，仍有侧重于宣传+指导，信息+宣传，信息+赢利，娱乐+服务+赢利，等等。

大众媒介的功能与作用也会变化。改革开放以前的三十年里，中国报纸基本只有4版，现在许多报纸有几十版，综合性报纸大都有经济、社会、生活、体育等专版，正反映了这种变化。

二 信息、宣传等基本功能

1. 信息功能，包括信息传递和意见交流（即意见观点性信息的相互传递）。

人的活动离不开信息，得到的信息越是丰富和优质，就越能判断正确，预见准确，选择余地大，盲目性小，合理有效程度越高。对组织、社会而言也是如此。

信息功能是新闻媒介最基本的功能，也是其他许多功能和作用的基础。例如“用事实说话”可产生宣传引导功能，传递知识性信息可产生文化和教育功能。

新闻媒介上的意见交流关乎民意表达，民智汇集，真理呈现、发展和战胜谬误。交流的内容一般是公众关注的议题，可使媒介成为公共空间。通过交流可形成公众大体一致的意见，即舆论，舆论的发展、修正，仍需意见交流。

2. 宣传功能，包括宣传、指导和教育、引导。

新闻媒介的公开、广泛和迅速，使之可以产生很大的宣传作用。传媒中直接发表的言论固然是宣传，其他内容也会有宣传作用。如新闻工作者的思想观念会在无意中进入报道内容，形成一定的倾向性，产生一定的宣传作用。新闻报道中“用事实说话”则是有意的宣传，在这里事实是说话的材料、手段，说话是落脚点，是目的。传媒中的文艺内容乃至娱乐内容也有与新闻类似的情形。

新闻媒介中的各种宣传，以及许多信息、知识、文化艺术传播，都可有指导、教育和引导的效果。现在人们一生中的闲暇时间，大部分用在报刊、广播电视和新媒体上，一生中所获的知识和观点，大部分来自这些媒介，尤其是学龄前和走出学校以后。

宣传要符合宣传规律，讲究宣传艺术，否则就产生不了应有的作用，甚至还会引起逆反心理，产生相反的作用。错误的宣传更会产生严重的负面作用。

3. 文化功能，包括文化的汇集、交流、扩散和创造。

文化广义上是指人类创造的一切财富，包括物质文化、精神文化和制度文化；狭义上仅指精神文化，如文学、艺术、教育、科学等。

文化在流动中发展，纵向地从一个时代流向另一个时代，横向地从一个种族或地方流向另一个种族或地方。这种流动就是通过各种媒介的传播。

新闻媒介大量吸收、传扬和创造着文化。新闻媒介上的知识大都是新知识，有的还在探索、形成的过程之中。

新闻媒介的信息功能和宣传教育功能也有文化意义，影响、促进着文化生活和文化建设。不仅直接提供许多文化信息、文化宣传和文化教育，即使不是文化版面、栏目和报道，甚至只是广告，也反映着文化信息、透露着文化观念，产生着文化影响。如果说书籍在文化的承传方面功勋卓著，那么报刊、广播电视和新媒体在文化的交流和扩散方面能量更大。

新闻媒介还锻炼、培育了大批文化人、文化团体和企业。许多作家，最初从给报刊写稿获得很大激励和提高，或有过当记者的经历。

4. 其他服务功能。在以受众为中心的时代，上述功能大都包含着或表现为对受众的服务。所谓其他服务，包括释疑解惑、咨询分析服务，广告发布服务，艺术和娱乐服务，生活和健康服务等等。社会是由其中的每个人组成的，从这个意义上说，对每个人的服务也是对社会的服务。

三 把关、议题设置等派生功能

上述功能与相应作用的发挥，又派生出其他功能，或曰子功能，如新闻媒介的把关功能、议题设置（也称议程设置）功能、授予地位功能、潜移默化功能。

1. 把关功能

能被传播的内容是无限的，而新闻媒介的容量、人们的注意力是有限的，因而传者的选择是不可避免的，而选择就是一种把关。还有传者的利益、社会各方的影响所要求的把关。个人传者、机构传者和传播机构的所有者、管理者，都是把关人，对传播什么、不传什么和怎么传播都进行着把关。

有必要的把关，可帮助受众选择；也有不该的、缺乏社会责任的把关，把有用信息、真知灼见、舆论监督封杀。还有潜意识的、习惯性思维的把关。

把关既受到个人素质和倾向的影响，又受到媒体机构和社会环境的制约。传媒体制、内外部权力、经济来源、文化传统，都是影响把关的重要因素。

2. 议题设置和授予地位功能

传媒关注的人和事会受到公众的关注，传媒的议题会成为公众的议题，因而传媒具有在社会上设置议题的功能，影响人们“想什么”。如人们平时关于外交问题的议论。政客们为了转移公众视线，往往制造一些对外摩擦等事端，让新闻媒介大肆传播。

与此相互关联的是，传媒关注的人和事会显得重要，犹如授予地位。许多企业、政客都尽力争取得到新闻媒介的正面报道，一些明星也尽可能在媒介上刷存在感、曝光率。

这两种功能可用于提高宣传艺术，树立学习榜样，也被用于制造社会舆论，树立崇拜偶像。营销传播、广告传播中也是经常使用。

3. 潜移默化功能

传媒的效果往往并不能立竿见影，但经过较长时期的影响，能逐渐地、深入地起作用，使人们在传媒提供和解释的社会图景框架内思考。

有研究表明，看电视较多的人群比较少的人群，对现实的认识更相似，更接近于电视所表现的图景和观念。由此也可见，新闻媒介不仅能设置议题、影响人们“想什么”，还能潜移默化地影响人们“怎么想”。既可提高人们的觉悟，陶冶人们的情操，也会潜移默化地使人走入误区，如把说了千遍的谎言当作真理。

这些派生功能表明，新闻媒介既拓展着、又限制着人们的视野和思想，既明显、又无形地影响着人们的态度和行为。

第二节　从表现看社会作用

观察、研究社会性问题，包括新闻媒介对社会的具体作用，可主要从四个视角：政治、经济、文化、大众社会，其中也有负面作用问题。

一　政治作用

新闻媒介的政治作用主要有以下 3 个方面：

1. 政治运行

现代社会的政治运行，如政治选举、决策、动员、实施，很大程度上有赖于新闻媒介的沟通、交流、宣传、引导、监督等作用。传播政治思想、观点、理论，政治路线、方针、政策，进行思想政治教育等也是如此。宣传内容上应是实事求是、与时俱进、去教条主义的，方法上应是结合受众需要、平等对话交流、可以自由讨论、符合宣传规律的。

2. 政治优化，包括促进政治民主化、民本化、协同化、高效化

民主是大家做主，大家只有充分了解了情况才有发言权，才能做主，这就有赖于新闻媒介提供真实全面的信息。大家只有能获得和表达各种意见才能做主，这又有赖于新闻媒介提供意见交流平台。大家还需要通过新闻媒介进行民主监督。

民本化就是以民为本。新闻媒介可反映人民的情况、意见和愿望，实现人民的知情权、参与权、表达权和监督权，使国家得以民情通畅、民意通达，政治民主，监督有力，发展科学化。

促进民主化和民本化还通过新闻媒介的问需于民、察民情之变化，问计于民、集民众之智慧，问政于民、知为政之得失，从而实现更符合民情民意的良性循环。

协同化包括协调化和协力化。如通过协调化达到又有民主、又有集中，又有统一意志、又有个人自由，通过协力化促进国家的统一，人民的团结，国内各民族的团结。这些团结是我们的事业必定要胜利的基本保证。中国曾经是一盘散沙，后来由文化中国凝聚成中华民族意识鲜明的国家，其中就有全国性新闻媒介的很大作用。

3. 国际政治作用

新闻媒介可用于增进国际了解沟通、理解协同；树立国家形象、增强国家软实力，获得国际话语权、影响国际舆论和国际关系。这也要结合国际社会的需要和接受心理，注重实效。

在中国推进政治体制改革、政治文明建设和政府管理转型中，新闻媒介具有开创性和保障性的作用。要吸取中外的历史经验教训，进一步改革和发展新闻媒介系统，以完善政治的信息、决策、整合、监督体系。

西方国家也把新闻媒介作为重要的政治工具。美国第三任总统托马斯·杰弗逊提出，报刊应成为对立法、司法、行政起制衡作用的第四种权力。自肯尼迪起，历任美国总统都直接上电视做宣传。当今西方的政治选举，既是政治人物的更替过程，又是声势浩大、旷日持久的政治宣传运动，主要是通过新闻媒介进行的，也成为西方研究新闻媒介的重要课题。西方政府还在新闻媒介上以广告宣传自己的观点。

二 经济作用

1. 通过政治影响经济

政治是经济的集中表现，政治的背后有国家、地区、阶级、阶层、利益集团等等的经济利益，新闻媒介与政治的关系，也是与经济的关系和对经济的影响。

2. 直接产生经济作用

新闻媒介还通过发挥信息传递和意见交流功能，反映经济形势，传递经济信息，提供经济分析，讨论经济问题，如目前中国新闻媒介上经常探讨经济的转型和走出国门；通过发挥宣传和引导功能，传播经济思想、政策和措施，指导和协调经济活动，美国罗斯福总统的多次“炉边谈话”都起到了这样的宣传作用。

在新闻媒介中占很大比重的广告，也迅速而广泛地沟通产、供、销各个环节，刺激消费需求，促进生产规模扩大，成本降低，质量提高。

新闻媒介自身还属于利润丰厚的文化创意产业和节能环保的“无烟工业”，带来很高的绿色经济效益。现在许多地方的标志性建筑正是新闻媒介机构的。

此外，上述经济功能还促进世界经济一体化。CNN 国际台（CNN International）、彭博社等国际性私有新闻传媒，正是世界经济一体化的结果和助力。

三 文化作用

新闻媒介汇集、保存、传扬、创造着文化，还使文艺大众化。一方面，过去一些只有使少数人才有条件和能力享用的文艺作品，如歌剧、交响乐等，通过电视大家都能欣赏了。这不仅丰富了人们的文化生活，还给文艺创造了大量的消费者，从而获得广泛的、独立的经济支持。另一方面，新闻媒介促使文艺作品的内容和形式走向通俗，为大众所喜闻乐见，有力地促成和传播了具有广泛共享性的“大众文化”。这种文化通俗、浅显、娱乐性强，易接近、易接受和易流行，通过新闻媒介快速、大量地传播。

大众化使文化艺术品从少数人为少数人制作，转为庞大的制作人群为广大的受众制作，从少数上层人士拥有转为广大社会公众共享。另一方面，许多大众文化主要诉诸感官刺激和被动性接受，迎合多数人的口味，追求商业性成功，挤占了高雅、精英文化的市场空间，会在一定程度上造成欣赏水平降低，思考能力减退，行动意志削弱，还不乏浅薄、庸俗、甚至低级趣味的成分。

新闻媒介的高度发展，尤其是电视的普及，又使世界各地的文化趋于同一化和多样化、多元化。从全球看，一种文化、生活方式迅速传遍世界各地，被其他地方模仿，呈现“同一化”现象；从一个地方看，视野扩大，交流、学习、模仿的机会增多，使生活方式、文化形态日益丰富多样起来。在孔子故乡附近的农村，20 世纪 80 年代时女性仍不穿裙子，连小女孩穿了也会被视为出格，而 90 年代初，小孩、年轻人渐渐穿了，90 年代中期，30 岁以上的成年人也渐渐穿了，年轻人的裙子则渐渐短了，其他生活方式也日益向城市靠拢。主要原因之一就是 80 年代末起，报刊和电视机日益广泛地在那里普及，外面的世界天天呈现在大家面前了。同样，过去在上海等城市，女子不会穿着背心走出卧室，现在一到夏天，大街上到处是香肩玉背。

译自英文单词 cool、形容人潇洒冷峻的“酷”字，源于麦克卢汉的“冷媒介”之说，很快传遍了全世界。从各地方的语言看，则又多了一个成分。文学艺术、生活方式、思想观念等也是如此。

四 大众社会作用

1. 大众社会与传统社会

大众社会与传统社会在生产、生活、思想观念、思维方式、交流方式上有很大的不同。

大众社会是工业化、城市化、市场经济的社会，以具有公民意识的公众为主体，与之相应，许多信息、观点、思想、意见的传播是通过大众媒介，尤其是新闻媒介。

而此前的传统社会中，生产是以农业和手工业为主，经济形态以自给自足的自然经济为主，生活大都局限在较小的范围，家庭、血缘、乡规民约、传统信仰、风俗习惯等有很大的影响和制约力量。与之相应，传统社会中的信息、观点、思想、意见的传播主要通过人际传播和群体传播，虽然那时已有印刷书报，但传播范围很有限，只为少数人所用。人们视野狭窄，社会变化很慢。

2. 新闻媒介与大众社会

近现代新闻媒介是应市场经济、工业化生产、国际化贸易之需和城市发展、新思想传播、资产阶级革命而迅速发展起来，反过来，又对大众社会的政治、经济、文化和社会组织、社会生活（如生活方式、休闲时尚）、社会交往、社会矛盾和问题（如利益分配、道德民生）等有很大影响。

新闻媒介通过其反映、交流等作用，大大扩展人们的视野，大量传播科学文化知识和现代政治、社会理念，如自由、平等、民主、法制、宪政、市场经济规则等等，更新人们的思想观念，树立现代公民意识，塑造了作为大众社会基础的新人。

新闻媒介通过沟通、整合、革新和控制，维系、促进了大众社会的构建和发展，例如建立和增进社会信任（详见下面的章节）。如果说新闻是一种资源，这种资源当用于让人们更充分、全面、及时地了解社会环境，在此基础上做出科学的判断和行动。如果说新闻媒介是一种工具，这种工具当用于公民权益、公众利益。

五 负面作用

传媒的功能会产生负面消极作用。包括信息、宣传等一般功能的负面作用，如虚假信息、错误宣传的结果；政治、经济等具体功能的负面作用，如造成政治守旧倒退、经济形势误判。

有的作用从某个角度看或对某些人，是正面的，而从另一个角度看或对另一些人，则是负面的。如增强国家民族意识走向极端，从全球角度看、对其他国家和民族，也许就不那么正面，甚至成为负面。

新闻媒介负面作用的来源有：

——虚假信息；

——不良内容，如落后的、低级庸俗、色情暴力的；

——错误观点，以及相应的理论、方针、政策等；

——侵权行为，包括侵害名誉权、肖像权、隐私权、著作权；

——过度娱乐，造成“业荒于嬉”、“玩物丧志”等结果。

——新闻媒介负面作用的更隐蔽、更难防范的来源，还在于传者有意无意的不客观、不全面、不公正，使受者把新闻媒介的反映当事实，把新闻媒介构成的部分、虚拟的世界当完整、现实的世界。

美国社会学家托马斯认为，如果人们将某种状况作为现实来把握，这种状况就会真的成为现实。美国社会学家默顿也指出，如果人们根据对状况的错误理解展开行动，结果就可能使这一错误理解变为现实。这正是传媒中的虚拟世界会造成的结果。

如果绝大多数甚至所有新闻媒介都被错误地使用，更会带来大灾难，如法西斯统治时期，如“文革”时期。

即使是现在，如果错误的宣传指挥畅行无阻，有些重要信息和不同意见无从反映，其后果也会很严重，如2003年SARS蔓延之初。

作为社会公器，新闻媒介即使只是少作为、不作为，也会使社会的正常运行缺少了重要环节，使社会、组织、个人的决策和行为盲目。舆论监督方面的软弱和缺位，还会使国家社会蒙受巨大损失，甚至引起剧变。

这里强调社会公器，不是指任何信息和意见都可以发表，世界上也没有这样的平台。至少不能泄露国家机密，不能故意损害别人的权益。

在现代社会中，许多社会目标如民主政治，许多公民权益如知晓权、表达权、监督权，必须依靠新闻媒介来实现。因此，新闻媒介不应占着茅坑不拉屎，更不得反向而为。我们强调新闻媒介是社会公器，就是强调应为社会利益、公众利益所用，而不该为个人或小集团利益所用，应对社会公众负责，而不该只对老板或上级负责。

此外，有的传播对某些人利大于弊，对另一些人则弊大于利。例如一些价值不大的电视连续剧，可让空闲的老年人得到消遣，也让时间宝贵的青年人得不偿失。

第三节 从方式看社会作用

新闻媒介的社会作用，一般通过沟通、整合、革新、控制盒舆论的方式。

一 沟通和整合作用

1. 沟通作用

新闻媒介中的新闻传播是信息的沟通，意见交流是思想观点的沟通。它们可带来视野的扩展，认识的正确，判断的科学，带来社会关系的协调和社会运行的高效。它们可使新闻媒介成为公众交流社会信息、讨论公共议题的公共空间，实现公民的知晓权、参与权、表达权、监督权。

“社会瞭望”是信息沟通作用的重要表现。社会沟通、整合、革新和控制都需要新闻媒介的社会瞭望作用——随时了解社会变动，了解对社会有较大影响的权力机构和公众人物；及时发现社会异常和威胁，如公众人物的负面影响，权力的滥用，或出现这种影响、滥用的可能。

新媒体使社会告知、社会动员和组织社会活动空前有效，可直接到达有关个人。

2. 整合作用

社会整合指的是对社会不同的部分和因素消除分离状态，达到融合统一。这种融合统一不是回避矛盾，而是化解矛盾，由沟通、协调带来矛盾的解决。这种融合统一不是消灭差异，而是求同存异，由沟通、协调带来相互理解、相互包容。

新闻媒介的宣传和指导作用促进思想统一，信心增强，同心同德，团结一致，也可产生社会整合作用。

文化是社会的凝聚力，新闻媒介的文化继承、吸收、传扬和创造功能，具有更为深远的社会整合作用。

新闻媒介对国内外大事的报道不断强化着国家和民族意识，增强国家和民族凝聚力。

二 革新和控制作用

1. 革新作用

如果在原有的社会环境下无法解决矛盾，就需要革新社会，进行改良、改革乃至革命——解决重大矛盾，在新的基础上达成统一。新闻媒介的沟通、交流、宣传、指导，带来对社会问题的切实了解，对解决方法的合理选择，对社会变革的广泛共识，从而形成社会革新的合力。

2. 控制作用

社会控制是通过社会规范对个人或群体的行为施加约束的过程。新闻媒介促进社会规范的形成和获得广泛认同——产生社会控制力的重要基础。新闻媒介还通过瞭望、监视社会环境，帮助社会实现控制。新闻媒介的舆论监督是一种其他方式无法替代的重要控制手段。

新闻媒介通过影响社会舆论产生的作用被称为舆论作用，详见下一章。

第七章　新闻媒介与社会舆论

舆论是重要的社会现象，对政治和经济、社会和生活都会有很大影响。舆论往往反映了民情，体现了民意，但也会有偏误，或被刻意制造和操纵。新闻媒介可反映、促成、代表、影响舆论和进行舆论监督，被称为舆论工具，由此产生的作用被称为舆论作用。①

第一节　舆论和舆论场

一　舆论及其特点

舆即车厢，引申为车子或轿子。舆论即“舆人之论”，造车、抬轿、赶车人的议论，引申为公众的意见。在英语中，就是 public opinion，公众的意见。

从舆论一词的实际使用来看，主要是指众人对公众事务和人物大体一致的意见（往往包含在态度、情绪中），包括与公众有关的各种现象、问题等。而对自然现象的意见，如众人一致认为今天天气很好，则不属于舆论。对那些与公众毫无关系的私人事务，众人没必要形成和表达自己的意见，也就无所谓舆论。

舆论中有民情民意、民智民慧，舆论情况——舆情，应常与调查、了解、反映、倾听、体察、研究等词挂钩，而不应只与监测、应对、管控等词相连。不应总是站在舆情的对立面，摆应对恣，作斗争状。

舆论的特点主要有公开、广泛和倾向性。舆论是公开表达出来的意见。一般通过意见的公开交流、讨论、沟通，逐步趋同，形成舆论。通过公开的表达、反映、传播，形成舆论影响力。

---

① 参见谢金文《新闻学通论》，上海交通大学出版社 2019 年版，第 221—239 页。

舆论有广泛性。一是主体广泛。舆论的主体是公众，是一定范围内的大多数人。这一定的范围小至一个班级、学校、企业，大至一个地区、国家乃至全球。舆论广泛地存在于一定范围的大多数人之中。二是内容广泛。在大大小小的范围内，各种各样的与大家有关的事务层出不穷，无数无限。三是传播范围和影响广泛。舆论广泛地存在，公开地传播，内容与大家有关，其传播范围和影响必然广泛。舆论的参与者越多，参与程度越深，舆论的强度越大，影响就越广泛。

舆论是有倾向性的意见，是一种判断和评价，而不是客观陈述。舆论性意见的大体一致，主要反映在倾向性上的大体一致，而具体观点上仍会有许多不同。舆论性的态度和情绪则更是有明显的倾向性。不过这里的倾向性不等于偏向性，而只是评价性，可能是过激的，也可能是公正的。

二 新闻与舆论的区别和联系

新闻是信息，舆论是意见，两者明显不同。新闻工作要真实全面、客观公正地反映事实，舆论工作要反映、代表舆论，影响、引导舆论，开展、保障舆论监督，两者的目的、内容、方法和作用也不同。不应混为一谈，相互扭曲和替代，而要各司其职，充分发挥各自的作用。

新闻传播与舆论又有一定的关联。新闻传播会产生或影响舆论，舆论也可成为新闻传播的内容；现代社会中，新闻传播与舆论都借助于新闻媒体——新闻媒介的集合体，可谓同舟共济；新闻媒介的许多重要作用，在很大程度上正是通过舆论作用而产生、实现的。

三 科学面对舆论场

同声相应、同气相求的效应还形成了不同的舆论场——由信息和言论的传播而产生的、对舆论的形成和变化有一定影响力的场域。

有官方舆论场、民间舆论场、新媒体舆论场、海外舆论场。它们是某种思想情感、态度情绪的反应，有认识作用。它们不应是互不相干，或互相扯皮的分离关系，也不应是你吃掉我、我吃掉你的包容关系，而应是你中有我、我中有你的交叉关系，各以正能量实现相互促进。

因而舆论引导不能只在官方舆论场中打转转，要尊重、深入和借助民间舆论场，并积极参与、影响和利用新媒体舆论场、海外舆论场。

第二节　新闻媒介的舆论作用

一　反映、促成、代表舆论

舆论往往很有新闻价值。它们随着新事件、新人物、新现象、新动向、新问题而出现，往往具有新鲜性。它们反映了许多人的意见，会有广泛的影响，往往具有重要性。许多舆论来自民间（除了故意制造的），反映了社情民意，也值得人们关注和社会重视。舆论与许多人相关，对他们都有接近性。有关机构和人士及早了解舆情，可及时、明智地遵从民意或引导舆论。

2003 年，广东孙志刚被作为无证人员关押和殴打致死，舆论大哗，于是从中央到地方出台了一系列公正对待无证人员和民工的措施。2013 年舆论认为住房价格上涨太快了，使许多老百姓的住房困难无法解决，于是政府出台了一系列措施抑制房价。

由于舆论能影响公共事务，能监督权势机构、人物和活动，因而舆论也会被压制、假冒、蓄意制造、刻意操纵、错误引导。这对社会是十分有害和危险的。因此要保障舆论的渠道通畅，保障新闻媒介对舆论的客观、及时反映和正确、有效引导。

许多舆论的形成是基于新闻媒介提供的信息和观点。因此媒介中的新闻是否真实、全面和客观，观点是否正确，关系到舆论是否合理正确。因此要警惕以控制信息和观点的传播操纵舆论。

新闻媒介还要代表舆论。言人所不能言或不敢言，及时、充分、有力地表达人民的意志和愿望，发出人民的心声。

二　影响、引导舆论

新闻媒介影响舆论包括无意间引发、影响舆论和有意地组织、引导舆论。

新闻会引起公众的关注，成为人们议论的话题，影响人们的思想和情绪，新闻媒介的倾向性会影响受众的倾向性，从而有意无意间引发、影响舆论。利用新闻媒介的这种特点，可不露痕迹却十分有效地影响舆论。同时也要防止这些特点带来意外的负面影响，可通过必要的说明和分析进行疏导。

有计划的报道和评论可起到组织舆论的作用，如引起大家对某种行为的赞扬，对某种现象的谴责。

舆论也会有不正确的时候。公众的认识也会因信息不足、认识局限、情绪过分、受人蛊惑等等而有偏误。这时，简单的做法是不让这样的舆论见诸新闻媒介。然而这往往会弊大于利。

谁来判断舆论的对错？既然舆论一般是大多数人的意见，那么认为舆论错误的人就会是少数。而少数人发生错误的概率更大，包括对舆论对错的判断。让少数人能够封闭多数人的意见，还会留下少数人不受多数人约束的后患。

即使被封闭的舆论确实是不正确的，简单封闭之后，许多人的意见没有表达出来，舆论引导会无的放矢，缺乏针对性；许多人会心中不服，思想抵触；公众缺乏比较和鉴别，也会思想单一，免疫力不强。

科学的做法应是给舆论的正确创造条件，包括提供足够的信息和客观的分析，进行有效的引导。

影响、引导舆论既有正确的或善意的，也有错误的或恶意的。这也需要真实、全面、充分的信息和百花齐放、百家争鸣的方针。

引导舆论要注意观点鲜明、避免模棱两可自相矛盾；态度诚恳、避免遮遮掩掩吞吞吐吐；姿态平等、避免居高临下以势压人。还要讲究引导艺术，包括把握时机；进行客观的分析、平等的交流、百家争鸣式的说理；尽可能和风细雨、深入细致。

有的著作《舆论学》，副标题就是“舆论导向研究”①。这时要注意防止另一种倾向：挤出、取代必要的新闻传播，压制、封锁不同意见，降低媒介的吸引力、公信力、影响力，甚至引起逆反心理。不排除特殊情况下对传播的限制乃至封禁，但须符合法定规范和程序。

三 新闻媒介的舆论监督

新闻媒介通过反映、代表舆论，通过公开、广泛、及时、连续的传播，能有很强的监督作用，是舆论监督的主要工具，媒介监督也就代表了舆论监督，并直接被称为舆论监督。

舆论监督不仅有除害作用，还有防止、教育作用，包括对旁观者的教育。舆论监督是民主政治的需要（人民的监督是民主政治的重要组成部分。把权力关进制度的笼子，包括舆论监督的制度），社会良性运行的需要，也是新闻媒介满足受

---

① 陈力丹：《舆论学》，上海交通大学出版社 2012 年版。

众的需求、提高吸引力和影响力的需要。

作为社会监督系统的重要环节。新闻媒介的舆论监督有公开、广泛、迅速的特点和长处，是党政、司法等其他监督无法替代的，尤其是在由下往上监督权力机构和人物方面，故有“不怕上告，只怕见报”之说。

舆论监督困难的直接原因，在于对有些监督对象不能、不敢、不想监督。

不能：监督者得不到有关信息，或无权发表；监督者不知如何全面、有效、合理合法地进行监督。

不敢：监督者会受到直接或间接的、各种形式的威胁和报复，包括职务上的、经济上的、机会上的等等。

不想：有些人感到监督无用，还会惹来一身麻烦；有些人受到名誉、地位、利益的诱惑，或情感关系的影响。在西方国家，许多政治和经济权力机构很重视对新闻界的公关活动，也会起到这种效果。

能使新闻媒介不能、不敢、不想监督者（主要是对新闻机构和媒介人能有较大影响的组织、机构和人物），就会成为监督的盲区。① 各个国家和地区都有这样的盲区，至少媒介都不能、不敢或不愿公开批评其主办者和自己。

传媒竞争的国际化和经济化，迫使传媒的运作日益商业化，于是经济影响力的来源，包括传媒的投资者、赞助商、广告客户等，也日益进入媒介监督的盲区。

显然，能进入盲区者，正是舆论监督的重要对象，而舆论监督又是其他监督不可替代的，因此这些盲区也就是社会监督体系的重要漏洞。

四　破解不能、不敢、不想监督

破解不能、不敢、不想监督问题要多管齐下，综合治理。

1. 对盲区

须尽力缩小、减弱、消除媒介监督的盲区，为此需要：

减少能进入盲区的权力机构和人物。包括减少新闻机构的上级“婆婆”和外部经济依赖，给传媒以必要的自主权和经济政策支持。

减少对传媒滥用权力的机会。包括以法治取代“人治”；保障传媒在市场准入、信息获取、资金广告等方面机会均等，竞争公平；加强对权力的其他监管和制约。

---

① 参见谢金文《消除新闻传媒舆论监督的盲区》，《上海交通大学学报》（哲学社会科学版）2004 年第 5 期。

减少以至消除监督障碍。包括保障信息公开；保障新闻人的采访权、编辑权、发表权；使盲区错位，即这个传媒监督不到，其他传媒能监督到。错位幅度越大，重叠部分就越小，以至于无，犹如无影灯下。

还要允许对公众人物的监督中非故意的失误。舆论监督有阻力和风险，又难免会有失误。如果监督者动辄得咎，就会使他们谨小慎微，“明哲保身”，不求有功但求无过，从而使更多、更重要的监督也被堵掉了。另一方面，如果确有失误，监督者也要尽快在相应的传播范围内做出更正。

2. 对监督方

对实施监督的媒介机构和个人，要有力保护和奖掖，同时又要监督监督者，包括加强公众对传媒的监督和传媒之间的相互监督。

要提高监督者的素养，包括职业道德、职业精神和媒介素养。还要提高领导管理层和社会公众的媒介素养，形成有力支持舆论监督的社会环境，落到切实有效的体制和管理措施。

第八章　传播媒介与社会问题

第一节　传播媒介与社会矛盾

一　社会矛盾与传播媒介的关系

唯物辩证法认为，任何事物都是对立统一体。对立就有矛盾。有主要矛盾和次要矛盾，矛盾的主要方面和次要方面，统一就是矛盾的相互依存和转化。社会矛盾不论是社会群体内部还是群体之间的，国家内部还是国际社会的，主要都是由于利益和观点的差异冲突。如阶级矛盾、官民矛盾、劳资矛盾、其他社会群体间矛盾、涉法涉诉矛盾、涉黑涉恶矛盾等。

社会矛盾可以是利益对抗和尖锐冲突的，也可以是受到限制和调节的。[①] 现今中国社会的主要矛盾、即人民日益增长的美好生活需要和不平衡不充分的发展之间的矛盾，便属于后者。

我国正处在经济体制深刻变革、社会结构深刻变动、利益格局深刻调整、思想观念深刻变化的历史时期，新的社会矛盾也会很多。

影响社会矛盾的因素有矛盾的各个方面和矛盾发展变化的因素。例如官员的腐败，以及干部素质与群众新的利益诉求不适应，都会成为产生矛盾的因素。有的干部缺乏法治意识和依法行政的能力，不仅解决不了实际问题，还导致社会矛盾的加深。

传播媒介通过其信息、观点、思想、情感等传播，直接或间接地影响着社会矛盾的产生、发展和变化——包括强化、激化或弱化、转化。

---

① 邓伟志主编：《社会学辞典》，上海辞书出版社2009年版，第5页。

二 传播媒介与社会矛盾的转化

社会矛盾向和谐共生、互利共赢转化，需要矛盾各方相互了解、理解和信任，求同存异、聚同化异，需要矛盾处理的公开、公平、公正，需要对不正当、不合理的因素进行揭露和排除，也需要解决矛盾的方法和信心。为此，就要有新闻媒介的信息反映、意见交流、心理疏导、舆论监督，及时反映矛盾、揭露问题、提供经验和方案。

有的管理者不是解决问题，而是解决问题的反映，千方百计封闭信息、压制群众的意见和利益诉求，对群众的信访也尽力堵、截、压，结果只会强化、激化社会矛盾。这时就更需要新闻媒介直接反映问题，打破权势的一手遮天。

另一方面，经济利益的追求又使新闻媒介“小报化”（Tabloidization），为吸引眼球而追求“坏消息”、煽情性、轰动性，理性退场而观点粗暴，阴谋论层出不穷。[①] 新媒体、移动传播带来的“后真相”“意见回音壁”效应，也使社会矛盾更容易被激化。

为此，新闻媒介需要有一种服从权力和经济利益之外的精神——新闻专业精神，着力于社会和公众的了解信息、交流意见、监督权力的需要，化解矛盾、解决问题的需要。

在国际社会，由于国际交流的困难，隔阂的消除、矛盾的化解也更困难；由于国际社会的主体——各个国家、地区和国际组织，既有很强的利益诉求，又能影响或控制媒体，矛盾的激化倒更容易。对此，国际社会主体、新闻传媒机构和社会公众都要有所认识，自觉面对。详见本书最后一章。

下面两节讨论的社会信任、公平、安全问题，也是社会矛盾的原因和表现。

第二节 传播媒介与社会信任

社会信任是社会凝聚、运行和发展的重要条件，对社会的政治、经济、教育、健康等各个方面，对各种组织机构和个人，乃至对国家统一、民族团结，国际关系，都有减少摩擦、提高效率、降低成本、化解矛盾和冲突的作用。传播媒介则是社会信任的重要因素。不仅媒介的内容对信任者、信任对象和信任环境有很大的积极或消极作用，媒介的公信力也影响到人们对社会系统的信任。不同的媒体

---

① 吴飞：《新闻业的再探索——强化与公众的连接》，《中国社会科学》（英文版）2021 年第 2 期，转引自公众号《再建巴别塔》2021 年 7 月 10 日刊出的中文精减版。

对社会信任又有不同的影响，需扬长避短和优势互补。

一　社会信任问题与媒介的关系

1. 社会信任的基本问题

社会信任是指人们对个人（主要为陌生人）、组织机构（政党、政府、社会团体、企事业单位等）以及对制度规范的信任，延伸到个人与组织机构、组织机构之间的信任。

信任有短期易变、盲目有害的和长期稳定、理性健康的，需抑前者增后者，变前者为后者，祛除盲信盲从。因而社会信任并不是越强越好，而要看属于哪种信任。应从简单提高社会信任的程度，发展到尽力提升社会信任的质量。

在工业化、市场化、城市化、现代化的社会，经济的社会化程度很高，人们的活动范围很广，更需要社会信任。正如英国社会学家安东尼·吉登斯（Anthony Giddens，1938—）所言：在现代社会，每个主体都不得不把自己从既有的社会关系中抽离出来，并不断地让自己嵌入到陌生的社会关系里去，且一切都充满了不确定性，一切都建立在流沙之上。①

然而传统的、小范围的、基于人情关系的信任已不能很好地适应现代社会的这些变化，社会信任缺失已是普遍现象，信任危机也频频出现，造成了人际关系紧张、社会秩序混乱、交往成本提高、效率损失严重，甚至引起很大的社会冲突，成为阻碍经济发展、社会进步、人们健康和幸福指数提高的重要原因。我国也不例外，有学者将中国的社会信任问题归纳为商业信用危机、公共物品信誉危机、人际信任危机和价值信仰危机。②

全球化、新媒体的发展，使国家和地区间的隔离状态被进一步打破，全方位的相互依存、相互影响更强；人类交往的时空约束被进一步弱化，熟人社会进一步让位于生人社会；虚拟社会与现实社会融为一体，并出现“后真相”问题。这样的时代更需要社会信任，却更难以获得社会信任，更容易失去社会信任。

数字化、移动传播、人工智能的新媒体，使虚假文字、图片、视频很容易制作和传播，耳听眼见皆不足信，社会信任大量流失。

国际社会也出现了前所未有的多重信任危机。包括文明与文明的冲突，各种

---

① ［英］安东尼·吉登斯：《现代性与自我认同》，赵旭东、方文、王铭铭译，生活·读书·新知三联书店 1998 年版，第 89 页。

② 冯仕政：《中国当前的信任危机与社会安全》，《中国人民大学学报》2004 年第 2 期。

地区性冲突，民族主义势力膨胀，贸易保护主义抬头，新的军备竞赛，乃至对中国崛起的遏制。

2. 社会信任的影响因素

信任的建立和增强不能通过强制或强求，而需要通过相互了解、理解，相互交流沟通，需要通过改善信任的影响因素，包括信任者个人因素、信任对象因素、社会环境因素和传播媒介、主要为新闻媒介因素。

个人因素包括信任者的个人特征——性别、年龄、经历、心理，职业、收入、受教育水平、媒介素养；所属群体的特征——社会地位、是否受歧视；与信任对象的关系——相互了解、交往程度。

对象因素包括作为信任对象的个人、组织机构、制度规范、文化传统，其值得信任与否和程度。官员的素质、可信度，不仅影响人们对其个人的信任，还影响到对其代表的机构的信任、对产生如此官员的社会环境的信任。政府机构和国有传媒的可信度，也对社会信任影响巨大。

环境因素包括小环境——信任者的家庭环境、亲友的可信度、所在社区的一致性或者说异质性和稳定性；中环境——社会交流条件（主要为传播媒介）和活动机会；大环境——政治、经济、文化、社会。政治承诺的兑现，经济信用的严守，文化传统和风尚的崇尚诚实守信，社会诚信体系的健全和有关奖惩的实施，都会有效影响社会信任。

媒介因素包括传播媒介的内容和公信力。新闻媒介通过其信息传递、意见交流、舆论引导和舆论监督功能，既能影响信任者，从而对社会信任产生直接影响，又能影响信任对象和环境，进而影响信任者。我们还可通过新闻媒介，传达建设和谐世界、人类命运共同体的理念和主张，增进国际互信。

成也萧何、败也萧何，新闻媒介延伸了人，也限制了人，会使人的主观世界脱离客观世界，只是媒介世界的反映，会以片面扭曲的反映，产生错觉、误解和敌视。新闻媒介的虚假、误导、欺骗，更使社会信任受到直接伤害。

新闻媒介自身的公信力，既影响其内容的有效性，又因传媒是社会系统的重要组成部分，而影响人们对社会系统的信任，尤其是果有新闻媒介的公信力。

二 新闻媒介内容与社会信任

1. 信息性内容与社会信任

新闻媒介可以通过真实全面、客观公正地反映世界，提高人们的信任程度和能力。成也萧何、败也萧何。新闻媒介延伸了人，也限制了人，会使人的主观世界脱离客观世界，只是媒介世界的反映，会以片面扭曲的反映，产生错觉、误解和敌视。新闻媒介的虚假、误导、欺骗，更使社会信任受到直接伤害。

信任需要对信任对象的了解，需要得到一定的信息。社会信任理论的奠基人德国学者格奥尔格·西美尔（Georg Simmel，又译齐美尔，1858—1918）指出，对根本不知晓的人，则理性上不可能去信赖，信任基于对未来的可能事件的可靠性的预测和计算之上。

新闻是一种信息，而信息就是消除不确定性的东西。新闻信息有真实、全面的和虚假、片面的，前者产生理性、稳固的信任，后者有时也能让人产生信任，但这种信任会随着对真相、全面的了解而消失，甚至走向反面，产生更大的不信任。

有时为了某种特定的目的，让新闻媒介隐瞒或做出假新闻。如果这是为了私利，当然应该谴责，即使是为了公共利益，如追捕逃犯，也要进行利弊权衡，把这种做法对社会信任的负面影响考虑进去。

2. 意见性内容与社会信任

新闻媒介中的意见观点性内容影响人们对真相、总体、深层真实的认知，影响人们的思想和情感，进而影响社会信任。这种影响既有积极正面的，也有消极负面的。

有些人在得到直接、明确的信息后才能信任，而另外一些人会在信息并不足够时也能付出信任。为什么会有这样的差异？理性选择论、制度论、道德基础论等都试图解释，还有人提到超验的因素，比如对上帝的信仰。总之，是思想和情感在起作用。

与新闻有关的意见观点，包括新闻中的，以及有关的评论和问题探讨。其中正确的当然有助于提高认识，增加理性有益的信任、祛除盲信盲从，即使是不太正确的、甚至是错误的，也会有助于人们有针对性地加以纠正、完善，让人们知其存在、能够识别，让真理越辩越明，并且被更加自觉地接受、牢固地掌握。因此要允许自由讨论，除了对故意混淆视听、并且会造成明显而即刻的危险。这也会直接或间接地有益于社会信任。

3. 负面内容、舆论监督内容与社会信任

传播媒介中的负面性内容对社会信任会有挫伤，因此不少人认为，新闻媒介中的负面内容有损于社会信任，应尽量减少，代之以正面宣传。

然而新闻媒介通过瞒和骗，至多只能带来短期、盲目的信任，而当人们发现了真相，这样的信任会转变为更大的不信任，包括对媒体本身的不信任。过分的负面新闻正面做，还会造成受众的逆反心理。

发挥新闻媒介的瞭望社会、反映问题、舆论监督作用，看似无助于、甚至有损于社会信任程度的提高，然而有助于提高信任对象（包括权力人物、机构和社会系统）的可信任度，从而有助于形成长期稳定、理性健康的信任，提升社会信任的质量，从根本上保障社会信任。

新闻媒介中的支持、赞扬等肯定性意见和反对、批评等否定性意见也是如此。如夸大的宣传扭曲了事实，干扰了人们的认知，并令人有被骗之感；过度的宣传掩盖了事物的另一面，造成逆反心理；反过来，合理的反对、中肯的批评，可纠正偏误，祛除邪气，弘扬正气。前者有损于社会的可信任度，如降低媒体和党政机构的公信力，甚至会造成幻景破灭，信任崩塌；后者则可使社会更加风朗气清，合理运行，值得信任。

新闻媒介中的舆论监督包括用披露事实来监和发表评论来督，因而包括事实性的和意见性的内容。

由于新闻媒介应增强长期稳定、理性健康的信任，尽力祛除盲信盲从，因而不能认为，为了增强社会信任，传播媒介当报喜不报忧，当减少甚至没有负面信息、舆论监督性内容。例如编虚假故事博人同情、进行“悲情营销”，透支、消费人们的善良，对社会信任的伤害很大。若不予报道，知道的人会少些，然而作假的人、上当的人会更多，对社会信任的伤害会更大更深。

面对弄虚作假、谣言谎言，食品安全、欺诈陷阱，违法乱纪、贪污腐败……我们需要的是怀疑、质疑、揭露、批判的精神，而不是掩盖粉饰的手段，盲目信任的品质。缺乏舆论监督，甚至还会令人对传媒及其主办主管机构也失去信任。

相反，有效的舆论监督，有助于从根本上清楚负面现象，规范权力使用，制约权力机构和人物，从根本上增加人们对社会环境、制度规范、权力机构和人物的信任。

总之，社会信任需要新闻媒介充分及时地传递真实全面的信息，交流各种意见，让人们的主观世界尽可能接近客观世界，让人们尽可能相互了解、相互理解，并增强民主协商机制。同时加强诚信宣传教育，弘扬诚信文化风尚；加强舆论监督，既制约背信，又教育他人。

三　各种媒体与社会信任

1. 传统媒体与社会信任

对社会信任有较大直接影响的传统媒体，是报刊和广播电视，也即传统新闻媒体。它们一般有个组织机构，运行比较规范，消息比较可靠，评论比较负责，因而有较高的可信度、公信力，从而给社会信任带来积极正面影响。然而，它们也较容易受到政治和经济权势的控制，以偏概全、以假乱真，评论也往往只对自己的政治或经济利益负责，而非对公众负责，从而给社会信任带来消极负面影响。

其中，国有媒体受政治因素的影响较大，四有媒体受经济因素的影响较大，但前者也会有经济考量，后者也会有政治考量。如果这些影响和考量超出了合理的范围，就会降低、消解媒体质量和公信力，对社会信任带来消极负面影响。

优质、权威信息永远是一种为全社会所需的稀缺品，给提供者带来公信力。传统媒体在这方面有品牌和人才、消息来源等优势。但如果利用这些优势传播片面、虚假信息，给社会带来的伤害也会特别大。

2. 新媒体与社会信任

传播技术、新媒体的高速发展，大大改变了人们接受、保存、制作和发送信息的机会、能力、自由度和自主权，改变了传播媒介的资源、条件、市场和竞争，改变了社会的政治、经济、文化、社会关系。提供了增进交流沟通、提升社会信任的新条件，增强理性有益的信任、祛除盲信盲从的新条件。然而同时，也催生了新的社会信任问题和危机，乃至出现了新的国际信任问题。

当今第4、第5、第6代移动互联网，智能手机、平板电脑等移动终端，大数据、云计算、人工智能等新条件新利用，使传播媒介更多样，媒介信息更丰富，媒介交流更充分，媒介监督更天网恢恢，媒介作用更有针对性。这些都有助于祛除盲目有害的信任，建构理性有益的信任。

西方有学者认为，电视里负面新闻太多，对社会信任的影响有负面的“涵化”效应。我国也有人认为，现在我国报纸对社会信任的影响是正面的，新媒体，尤其是社交媒体对社会信任的影响是负面的，应像管理报纸那样管理新媒体，我们认为这未免过于简单化了。应看到传统媒体与新媒体有不同的长处和短处，不同的功能与作用，如有学者发现，新媒体在详细、中立、平衡报道及创新等指标上领先于传统媒体。（Flanagin，2010）各种媒体当扬长避短，取长补短，当互补而不是同质化。

更重要的是，不能只看到传统媒体使信任度增高，新媒体使信任度降低，还应看到，有的信任使人们更容易上当受骗、最终带来更大的不信任，一些假冒伪劣商品就经常通过传统媒体进行推销。而新媒体、社交媒体在反映民情民意、增进相互了解、进行舆论监督等方面都有独特的积极作用，有助于制约信任对象和改善信任环境，建立长期稳定、理性健康的信任，祛除盲信盲从。

然而另一方面，新媒体又带来更大的信息冗余，选择困难，更多的虚假、不良、有害、侵权内容，包括谣言谎言，以及新的信息茧房、意见回音壁效应。出现后真相、群体极化乃至新的民族主义、民粹主义等问题。大大妨碍、破坏社会信任。互相隔阂、对立、冲突、群体性突发事件频繁出现。

例如人工智能可做出高仿真图片和影像、肉眼无法辨别，加上5G、6G时代虚拟现实、增强现实的广泛应用，以及全球移动网的互联互通，会带来新的虚假欺骗、信任流失问题。

此外，传播技术对所有人的赋权赋能，在增加传播自由度、自主性的同时，也加大了媒介管理的难度，包括社会的和媒介机构的管理控制，增加了对公众素养的要求。

第三节　传播媒介与社会安全

一　社会安全问题与媒介的关系

广义上的社会安全包括政治安全、经济安全、文化安全、卫生健康安全等，狭义上的社会安全仅指社会治安、交通安全、生产安全、生活安全。

工业化、城市化、全球化带来了现代社会文明，然而同时，满足需要的方法引出新的需要，解决问题的方法引出更多的问题。社会变化的范围扩大、步伐加快和程度加深，使风险成了现代社会的重要特征，各种全球性风险对全人类的生存和发展也构成了严重威胁。于是“风险社会”成了当今时代的重要标签。

社会安全涉及有关的社会系统和公众问题。如政治、经济、文化、卫生、治安等系统，其问题包括有形的组织机构、管理体系和无形的思想理论、制度规范。公众问题包括有关的知识、观念、习惯、行为。

新闻媒介的信息传递、意见交流、宣传引导、舆论监督作用对这些社会系统和公众问题都有重要影响，有关的研究成为政治传播学、文化传播学、健康传播学、环境传播学等分支、交叉学科的重要内容。

从新闻媒介对社会安全的直接作用来看：通畅的信息传递可及时发现和反映安全隐患，防范和管控风险。充分的意见交流可优化解决方案，并取得广泛共识和配合。如当年美国遭遇史上最大的经济危机时，罗斯福总统通过广播进行“炉边谈话”，及时遏制了公众的恐慌心理和挤兑要求，挽救了金融，有效地宣传引导可调动各种积极因素，化解消极因素。如2020年新冠疫情来势汹汹，终被我国的众志成城和来自世界各地的支援有效阻击，其中就有新闻媒介宣传引导的很大功劳。强大的舆论监督可迅速封堵安全漏洞，并对安全问题的制造者有震慑作用，如美国1971年的“五角大楼文件案”、1972—1974年的“水门事件案”。[①]

在当今国际社会，靠硬实力影响他国的代价日益巨大，软实力的作用日益凸显，利用传播媒介危害国家安全的事情时有发生。2020年中国的国家安全机关就侦破多起这样的案件。

二　传播媒介与文化安全问题

文化安全是指一国的精神文化，如价值理念、民族精神、信仰追求等，不受威胁的客观状态。意识形态安全是其中的重要内容。

面对来自国内外的文化安全危险因素，进行一定的堵截和限禁有其必要性，但这只是消极的方法，还要通过文化发展，包括继承传统文化的精华和吸收外国文化的有益成分。同时，堵截限禁也会有失误，并会不利于培养人们的辨别能力，因此要十分慎重，不得已才为之。

在数字化、全球化时代，信息封锁越来越难，人们出境学习、旅游、工作等机会和能力也越来越发展，仅以简单限禁来保障意识形态安全日益不现实，引发怀疑不满的副作用却会日益增大。因此现在更要靠积极方法：通过信息沟通、意见交流、思想疏导，通过落实“百花齐放、百家争鸣”的方针，通过古为今用、洋为中用、广泛吸收人类文明的优秀成果，不断与时俱进、发展真理、保持思想文化的先进性。从而使文化安全系数不断提高、文化软实力持续增强，使意识形态随着主客观世界的发展而与时俱进，不断增强吸引力、传播力、影响力。

---

① 参见谢金文《新闻学通论》，上海交通大学出版社2019年版，第186、192页。

第九章　传播自由与媒介责任

传播自由与媒介责任问题不仅对传播媒介、事业和产业至关重要，对每个人和整个社会也有很大影响。然而我们常看到一说自由就不顾责任，一说责任就否定自由，这都会带来很大的危害。需全面认识两者及其相互关系，充分落实有关的权利和义务。[①] 马克思主义新闻观对媒介与社会的关系有很大的指导意义，包括关于传播自由和媒介责任问题。

第一节　传播自由要义

一　基本概念

自由就是由自己做主，可自我支配、凭自己的意志而行动。在现实世界中，自由都是在一定的时间、空间和条件下的，都受到一定的制约。传播自由就是在一定的制约范围内，以各种方式进行信息传播的自由。这里主要讨论新闻信息传播的问题。

1. 一定的制约范围

和民主一样，自由也是在一定的环境和条件下，受到多种制约，包括必然的、必要的和不该的制约。

新闻传播的环境包括社会大环境——政治、经济、文化、社会、科技等，和小环境——受众、竞争者等。条件包括物资、技术、设施和资金、人才、能力等。它们都会构成一定的制约。

其中，有的制约是必然的，如物质条件和传播能力，如自由竞争走向媒介垄

① 参见谢金文《新闻学三维新论》，上海交通大学出版社 2016 年版，第 201—218 页。

断。这些制约要随着社会的发展而尽可能减少。

有的制约是必要的，主要为他人权益和社会公益的制约。包括他人的隐私权、名誉权、肖像权、姓名权、著作权等；包括组织机构、社会公众的利益——这些都关乎众多他人的利益，如商业声誉、国家机密等。这些制约要合理化、规范化、法制化，形成明确合理的新闻伦理和政策法规，以及切实有效的实施措施。

有的制约是利弊相间，或临时短暂、一时一事的，如文化传统，时政局势。

还有的制约则是不必要或不应该的，但仍现实存在，包括不合理的体制束缚、权势控制、利益追求、意识形态影响。有些必然、必要的制约过了度，也成为不必要或不应该的，如过度控制压缩了必要的公共空间，市场竞争导致的垄断强化了物质条件对大多数人的制约。

在现实社会中，上述制约表现为资金技术、职业道德、政策法规等限制。是否可以规定：在法律允许的范围内不受限制和约束？中国的第一部新闻出版专门法《大清报律》正是这么规定的，而该法又是参考了许多外国的相关法规后制定的。“百度百科”关于自由的定义中也是这么说。然而，如果有关法规不合理呢？何况在有法律之前也有自由，法律之外还应有政策、道德的限制。

科学的制约应是以公共利益为取舍标准，经过法定程序，能得到多数人认同和自觉遵守的；制约条文应是具体明确、自由裁量空间小、可操作性强的；应追求尽可能大的保护、尽可能小的制约。比如规定：限制对他人权益、社会治安、国家安全会造成明显而即刻危害的传播；制约的方式主要为、但不限于法律。同时，要充分考虑到限制、惩罚传播的负面影响，尽可能采用媒介批评、经济调节、行业自律等方法。

2. 以各种方式

传播的方式包括传出和接收。传出的方式有口头、书面、印刷、出版、音频、视频，报刊、广播电视、新媒体等等，其中又有多个环节：信息的采集，内容的加工制作和发送，媒介的创办和运行等等。接收的方式有买、录、收、读、听、看等。

因而传播自由包括通过言论、出版、广播电视、新媒体等，包括不受限制地接触新闻源，不受事先审查地发布和评论新闻，不受批准地创办、发送和接收新闻媒介等等。

3. 是一种需要

传播自由是人们生存、发展和幸福的需要，组织机构决策、运行和优化的需要，社会和谐、发展和进步的需要，还是传媒发展与国家形象的需要。

人们的生存、发展和幸福，需要在传播自由的条件下，获取真实、全面、客观、公正、富有价值的信息，表达思想和情感、意见和建议。如果没有传播自由，人们需要的信息会被封锁，对人民有利的言论会被压制，舆论会被操纵，正义会难以伸张，邪恶会不受监督，民主和科学会不敌专制和迷信，人们的思想会被禁锢和践踏成狭隘、扭曲、疯狂，所有其他自由也容易被剥夺。这些都曾在人类历史上多次出现。因而传播自由是所有其他自由（包括实体的和精神的自由）的重要保障，也是人民的知晓权、参与权、表达权、监督权、生存和发展权的重要保障。

传播自由又是充分发挥媒介的社会作用，防止信息封锁扭曲和言路堵塞、思想禁锢的前提。社会的和谐、发展、进步和风险防范，需要在传播自由的条件下，充分发挥媒介的沟通、协调、整合、革新作用，实现瞭望社会、汇集智慧、反映民情民意、监督权力机构和人物，实现问需于民、问计于民、问政于民，实现民主政治、市场经济、先进文化、和谐社会的构建和运行，以及环保、教育、健康等各项事业发展和需求满足。

中国的宪法规定，"中华人民共和国的一切权力属于人民"。"人民行使国家权力的机关是全国人民代表大会和地方各级人民代表大会。"这体现了人民是国家权力终极来源的民主制原则。

如果没有传播自由，就没有充分的媒介活动，重要的信息得不到足够的传递，正确的思想观点得不到足够的展现，人民的情况、意见和愿望得不到及时的反映和表达，舆论监督达不到足够的强大，民主政治就会打折扣，乃至荡然无存。

传播自由还关乎社会和谐与科学发展、风险防控。和谐的和是和平、和睦，谐是谐调、谐美，和谐是各方面搭配得当与匀称，不过于突兀与偏激。社会和谐的基本特征有：①社会结构合理，关系协调，行为规范，相互理解；②社会压力有效释放，矛盾妥善解决，冲突及时化解；③为此所需的运筹得当，决策科学。形象地说，"和"字左边是个禾，可有禾苗、禾草、禾木、草根、草民之意，右边是个口，可有吃和说之意。两边合起来就是吃和说。"谐"字左边是个言，右边是个皆，两边合起来就是皆言。大家都有吃的，能满足物质生活，都可说话，能满足精神生活，换言之，有了较高的物质文明和精神文明，社会也就基本和谐了。大家都可说，又能按大家提出的合理意见去做，也即有了较高的制度文明，社会就更和谐了。

社会的科学化发展和风险防范，需要发扬民主、集思广益，需要充分、及时的信息传递和意见交流，需要最大限度地调动一切积极因素。为此，也需要大家能说话，需要自由而充分的信息和意见流动。

传播自由也是求真的需要。揭示真相、探求真知、追求真理，既是人的需要和社会的需要，也是思想文化发展和真理发展的需要。而只有在传播自由的条件下，才能充分实现。真实、真相、真理的获得，都需要信息的自由流动，并在充分讨论、越辩越明中显示出来。思想理论也需要在信息自由交流和意见自由交锋中进化，不断取长补短、提升自洽性完整性先进性，不断根据新情况推陈出新，与时俱进。

传播自由还是传媒发展与国家形象的需要。纵观古今中外，传播自由度较高的时期和地方，传媒的发展也相应较快。唐代堪称中国古代社会中传播自由度最高的时期，中国古代报纸正是萌芽于唐代。中国的四大发明中有两大发明是报纸之母，然而中国报纸的发展却由世界领先变为远远落后于西方，连活字印刷用于报纸也晚于西方好几十年。在中国现当代，新闻媒介的兴衰也与传播自由程度高度相关，从台湾报业1988年解禁前后的枯荣状况可见一斑。

传媒业壮大与否关系到国家的软实力，影响到能否有效地在国际上树立国家形象。另一方面，传播媒介是社会发展进步的重要标志和工具，成为国家形象的重要代言人。

二　马克思主义新闻观

1. 新闻观的三个维度

所谓“观”，是指对事物的根本看法，如我们常说的世界观、价值观、人生观。狭义上的新闻观（concept of news），就是关于新闻及其传播的根本看法。有的人认为新闻就是新的听闻和见闻，应有闻必录；有的人认为新闻就是一种报道，应根据宣传需要用事实说话；有的人认为新闻是一种信息，应客观、中立地提供，这些都反映了不同的新闻观。

可从三个维度来把握新闻观。一是新闻及其传播，二是新闻媒介，三是新闻事业与产业。对这三方面是什么和应怎样的看法，构成完整立体的、广义上的新闻观。

第一个维度主要为新闻的内涵、作用和新闻传播的要求，这方面的根本看法堪称狭义上的新闻观，是整个新闻观（包括广义上的新闻观）的原点和基础。

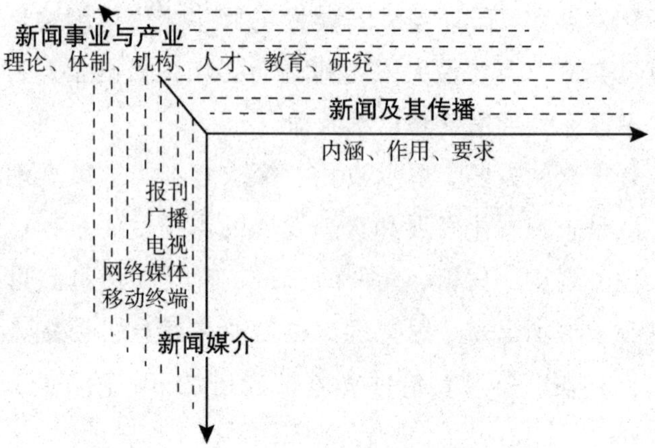

新闻观三维示意图

第二个维度是新闻媒介，处于新闻传播七大环节——信息源、传者、内容、媒介、受传者、效果、反馈——的中心，承前而启后。该维度涉及新闻媒介的性质、特点和作用，社会责任及其实现等问题。

第三个维度涉及新闻传播事业与产业的性质、特点、作用和发展规律，影响因素和管理控制。

关于新闻及其传播的认识和要求，与关于新闻媒介、新闻事业、新闻传播产业的认识和要求相辅相成，共同构成广义上的新闻观。

2. 马克思主义新闻观

我们很少看到马克思主义思想家和革命家对新闻本身的直接看法，他们的许多有关论述反映的是报刊思想、传播思想、宣传思想、新闻工作思想，属于广义上的新闻观。

马克思主义新闻观，就是基于马克思主义基本理论和方法的新闻观，就是符合辩证唯物主义、历史唯物主义世界观和方法论的新闻观。穿了“马克思主义”马甲的，不一定就是马克思主义的，如教条主义、违背马克思主义实事求是精神的，如“文化大革命”中打着马克思主义旗号捞取政治资本、甚至搞阴谋诡计的。机械的、教条的、脱离客观现实和历史环境的看法，即使搬用了马克思主义者的许多原话，也不是马克思主义的，反之，不标榜为马克思主义的则不一定不是。如当今中国的马克思主义发展观，名称为科学发展观。我们有许多新闻思想、观点、论著，即使没贴马克思主义标签，也是很马克思主义的。

辩证唯物主义和历史唯物主义是科学，符合科学的才是马克思主义的，可以把马克思主义新闻观称为“科学的新闻观”。以此观之，不符合新闻本体、要求、规律的认识和理论，都不是马克思主义的。例如，新闻是一种信息，宣传是一种传播，两者明显不同，即使是新闻传播和宣传，两者的内涵、作用、要求、方法等也不同，但许多人仍把它们混为一谈，以宣传方法代替新闻方法，宣传规律代替新闻规律，结果难免在信息传递、意见交流、舆论监督等方面都有缺失，不能有足够的公信力、影响力和国际竞争力，还会造成新闻媒介缺位、片面、错误而又得不到及时纠正。这显然不符合马克思主义。

同时，与时俱进的才是科学的，马克思主义的。不应把“文化大革命”中或之前的新闻观，或马克思主义者曾说过什么，都作为今日的马克思主义新闻观。

第二节　棘手的问题

一　争议的焦点

新闻传播自由的观念产生以来，一直伴随着很大的争议，在当今中国仍然如此。有人认为它是资产阶级、资本主义的，有人认为无产阶级、社会主义也要有自己的新闻传播自由。有人认为新闻传播自由已经过多，不宜再提，有人认为新闻传播自由还很不够，急需倡导。

主张提倡新闻传播自由的理由主要有：

——新闻传播自由保障有用信息的传播，真知灼见的发表，舆论监督的实施，是民主机制的基础，还关乎国家形象，因而具有必要性。

——新闻传播自由是一项基本人权和公民权利，关乎知晓、表达、监督权，因而具有当然性。

反对提倡新闻传播自由的理由主要有：

——没有抽象的自由，只有具体的、受到种种限制的自由，新闻传播自由的提法会让人误以为可以不受限制地进行新闻传播活动。

——有害、侵权的信息和言论也会在新闻传播自由的放任下出笼，伤及个人和社会。别有用心者会在新闻传播自由的掩护下危害社会稳定和国家意识形态安全。

两种主张差异很大，但有一个共同看法：新闻传播自由问题非常重要。笔者也以为，对新闻传播自由的认识直接左右新闻体制安排，影响新闻媒介积极作用的发挥和消极作用的防止，因此不仅不应回避，还应深入探讨、广泛普及这方面的思想和理论。

二 有害内容问题

在传播自由、新闻传播自由的环境中，虚假、错误、有害的内容也不可避免地会散布出来。理想的状态是只让真实、正确、有益的内容能自由传播，只让对社会负责任的个人和机构有传播自由。

然而如何判断正确、有益的或者相反的？

如果由一些新闻检查官员之类来判断，则他们并不一定比同时期的大多数人高明，还往往会受到各种关系的掣肘，或掺有私利。

大多数人的判断也不足为据。一个时期中大多数人都认为真实、正确、有益的东西，可能后来被证明是相反的，大多数人都认为错误、有害的东西，也可能是相反的。历史上这样的例子很多，如地球为宇宙中心之说，如我国“文化大革命”中的许多观点理论。

可以由实践来检验，然而如果在实践检验的结果出来之前已经不允许传播，又怎么能得到足够的实践检验呢？

判断个人或机构是否对社会负责任也同样困难，也经常存在黑白颠倒。

而如果判断失误，使有用的信息不能传播，正确的意见不能面世，则于社会于个人都很不利，还会动摇民主政治的基础，产生种种严重后果。我国从“大跃进”的失误、“文化大革命”的灾难到SARS的蔓延，都与此有关。在大众传媒时代，新闻传播自由是保障公民的知情权、表达权、监督权的必要条件，是充分发挥大众传媒的社会作用、防止信息封锁和舆论钳制的前提。

此外，错误的意见也有积极作用，让人们能够在错误与正确的辨识中，更加清楚地认识和自觉地抵制错误，更加清楚地认识和自觉地接受正确。

可见对虚假、错误、有害内容的防范限制也要十分慎重，只针对确凿、明显、具体、即刻的问题。不得以此为由，或以多数人认为应该限制为凭，更不得以少数或个别人的意见为据，肆意限制传播自由。

三 谣言和谎言问题

1. 谣言问题

谣言乃非善意地无中生有捏造事实之传言。谣言本是指谣传之言，随着官方传播渠道的建立，谣言便仅指非官方的民间流传之言。有的统治者会派人去民间

“采谣”，以了解民情民意，而不合官意的谣传之言，通常被斥为“谣谶惑众”。久而久之，谣言成了贬义词，指非善意地无中生有捏造事实、又广泛流传之言。

山上没有狼，放羊的孩子高喊狼来了，是说谎；如果这谎言被到处流传，便成为造谣传谣。人们发现上当后，不再相信他，便是信任丢失。可以骗世人一时，也可以骗一人一世，但难以骗一世人一世，其被戳穿之日，就是对社会信任构成伤害之时。

应区分谣言和一般的传言，对不实之言，也不应一概排斥。银行抢劫犯抓住一个五岁的小男孩做人质，谈判未果正要撕票，被狙击手击毙，小男孩吓得号啕大哭，营救者高呼：“演习到此结束！”多年后他才知道，那不是演习，只是为了他免受心理创伤，大家一直瞒着他。这样的传言虽然不实，也非谣言。

如果放羊的孩子以为是狼来了，实际上是个豺，便不应被作为谎言谣言。人们传谣时并不知真假，也没有恶意，只是善意地提醒大家，便也无可厚非。

许多谣传之言，乃至新闻报道，虽有不实之处，却事出有因——或因粗心，或因猜想，或因来不及得到更准确的结论。这是人们认识事物过程中的难免失误。对同一个事件，接触有迟早，观察角度有差异，用以判断的知识背景有多样，紧急情况下，认知的差异和失误更是难免。在传播中又会进一步变异。虽也会扰乱视听，却并非故意，有时还有益，如给人警示。因而不能一概以谣言论处。例如 2019 新冠病毒蔓延之初，8 位被作为造谣传谣者的医务人士传出的疫情信息。而当时新闻媒介的失职，恰恰是没有及时提供这样的即使是还无法准确的预警信息。

大多数传播了谣言的人，也并非故意要传谣，只是一时得不到可靠的信息，为寻求真相而求证，或是善意地提醒别人。例如人们高度关注的事件发生时，权威的信息没有及时跟进或不足以消除人们的疑虑，谣言就会填补这个空白。人们不知道日本核污染的严重程度时，未被污染的食盐会不够的传言四起。有的地方抓捕了转发者。其实这样的信息，有可能是谣言，也有可能只是一般的传言。面对这样的信息，人们宁信其有不信其无、未加思索便转发给亲朋好友，是人之常情。

移动传播中，大量的信息来自非专业的传者，其严谨程度和认识水平一般不如专业的新闻工作者。而且，许多事情被迅速传到网上、广泛转发，其间缺乏核对时间。一个复杂的事实，其真相的显现更需要一个不断发掘、补充、纠正有关信息的过程。于是在移动传播中，最初发出的信息往往不够准确，甚至与最终看到的完全相反，出现许多“反转新闻”。这要求普通公众也要有一定的新闻素养，又要求专业的新闻传者加强核查，管理者则不要把不够准确的信息都当作谣言。

真相不明，事情重要，就容易产生各种猜想，出现不实的传言或谣言。有人说，谣言止于智者，然而再聪明的人，也难以分辨超出其知识和经验的谣言。只有真实、全面的信息，才是谣言的天敌。谣言止于信息通畅、信息公开。正如法国学者卡普费得在《谣言》一书中指出：谣言总是从公众对事件自发地提出问题而未曾找到答案中产生的。如果想减少某个公众事件中的谣言，最好的方法莫过于提供明确的答案。①

这需要信息自由的体制和机制条件，包括公民，尤其是第一线专业人士的言论自由，政府及时充分的信息公开和辟谣，媒体的新闻专业精神和能力。

2. 谎言问题

谎言是明知事实，却为了掩盖真相、进行欺骗而说的不同于事实的话。隐瞒也是谎言的一种。新闻媒介经常为了政治、经济利益或个人名利而制造、传播谎言，虽然会有一时之利，往往最终得不偿失，主要原因是丢失了公信力。

1989年12月21至28日，罗马尼亚政府一周内被推翻，总统齐奥塞斯库被处死。专家评论：齐奥塞斯库并不是传统意义上“恶贯满盈的刽子手”。执政期间，他坚持独立自主，同苏联保持距离，与中、美、英、以色列、巴勒斯坦都保持了良好的外交关系，有相当的国际声望，对内也做了不少有益的事情，比如为居无定所的群众提供永久住房等。并且，他在国外没有一分钱的存款。然而，有一个致命因素导致了他的覆灭——国家公信力被毁了。

齐奥塞斯库的政府为了加强统治，不惜背离诚信，甚至在关乎国计民生的事情上欺瞒百姓。比如在20世纪70年代，罗马尼亚政府大肆鼓励生育，甚至把避孕和流产都作为违法犯罪来惩办。措施很快见效，生出了超过往年一倍的婴儿，然而面对迅猛的婴儿潮，医师、设备等各方面保障都跟不上，致使罗马尼亚的婴儿死亡率暴增了145.6%！世界哗然，纷纷谴责，罗马尼亚政府采取了自欺欺人的对策：要求只有满月的婴儿才可计入统计数字，然后再核发出生证。如此一来，婴儿死亡率果然迅速下降，逐渐“恢复正常”。而那些未满月即夭折或被遗弃的婴儿，就连个数字也不是了。在80年代，罗马尼亚国家健康委否认了艾滋病在罗马尼亚的存在。而事实上，次年2月，罗马尼亚就发现了550名感染HIV的儿童

① 参见谢金文《新闻学三维新论》，上海交通大学出版社2016年版，第201—218页。

（大多是因为输血）。卫生人士指责，罗马尼亚方的隐瞒，某种程度上导致了艾滋病在罗马尼亚乃至东欧的侵袭蔓延。

20 世纪 80 年代末，罗马尼亚因还外债，国内经济严重困难，物资匮乏，买东西要排长队，连医院的产房也保证不了供暖，而国家的口径却是："罗马尼亚在确保国家经济社会发展和人民生活水平不断提高的情况下，还清了外债。"经济上的数字造假早已是常态。

在这过程中，罗马尼亚的新闻媒介不仅没有起到防范、阻止、监督作用，反而推波助澜。事实的每一次扭曲，都是对公信力的一次次伤害透支，政府和媒体都陷入"塔西佗陷阱"（古罗马历史学家塔西佗发明的说法）：公信力丧失后，无论说真话还是假话，做好事还是坏事，都会被认为是说假话、做坏事，都会招致人们的质疑、憎恶、敌视。

四　必须的调控

调控的必须不仅在于把新闻传播自由限制在一定的制约范围内，而且："信息和意见的自由市场"往往失灵。如前所述，人并不总是理性的，自由表达也不能完全保障真理的及时胜出。况且，在任何市场上，自由竞争的结果必然走向垄断，包括新闻媒介市场。垄断者首先保障的是自己的利益，当其利益与公共利益发生矛盾时，后者就得让路了。这是早已发生、仍在发生、还会发生的。

不必要不应该的制约经常存在。许多统治者为了便于控制，实行渔民政策和钳制舆论。同时，当传者自律不够、新闻传播自由被滥用时，会产生各种负面后果，从而带来他律的限制，而这种限制如果过度，也会损害到必要的自由。

因此，社会对新闻媒介的必要调控，也是新闻传播自由问题的题中之义，包括法制、行政、经济、行业的调控，以及兴办公共媒体、开展媒介批评等。

1948 年 12 月 10 日，联合国大会通过了《世界人权宣言》，其中第十九条宣告："人人有权享有主张和发表意见的自由；此项权利包括持有主张而不受干涉的自由，以及通过任何媒介和不论国界寻求、接受和传递消息和思想的自由。"在第二十九条第二款又提出："人人在行使他的权利和自由时，只受法律所确定的限制，确定此种限制的唯一目的，在于保证对旁人的权利和自由给予应有的承认和尊重，并在一个民主的社会中适应道德、公共秩序和普遍福利的正当需要。"

当今世界上实行民主制度的国家，在宪法中都有确认言论出版等自由的条款。中华人民共和国成立后，曾于 1954 年 9 月 20 日、1975 年 1 月 17 日、1978 年 3 月

5 日和 1982 年 12 月 4 日通过四个宪法，此后又多次修订。每个版本中，也都有这样的条款。如现行宪法中：

第三十五条："中华人民共和国公民有言论、出版、集会、结社、游行、示威的自由。"

第四十一条："中华人民共和国公民对于任何国家机关和国家工作人员有提出批评和建议的权利。"第二十七条中规定：一切国家机关和国家工作人员必须接受人民的监督。

第四十七条："中华人民共和国公民有进行科学研究、文学艺术创作和其他文化活动的自由。"

传播自由就包含在言论、出版和文化活动等自由中，包含在批评、建议和监督的权利中（要行使这些权利，必须能够了解情况、表达意见），是这些规定所含的原则精神和逻辑前提。

同时，我国宪法第五十一条规定："中华人民共和国公民在行使自由和权利的时候，不得损害国家的、社会的、集体的利益和其他公民的合法的自由和权利。"第三十八条、第五十三条分别规定：禁止用任何方式对公民进行侮辱、诽谤和诬告陷害，公民必须保守国家秘密。其他法律中也有不少与传播相关的限制性规定。这些规定对新闻传播自由、传播自由能否顺利实施也是很重要的。

第三节　媒介的社会责任

一　必须履行的义务

1. 有哪些责任

传播媒介的社会责任不仅在于防止消极影响，包括避免虚假、不良、有害、侵权内容的传播，而且在于发挥积极作用，包括提供优质的新闻，负责任的评论，和公正的交流平台，发挥信息传递、意见表达、思想引导、舆论监督作用，平等交流的公共空间作用。

仅从提供信息来看，人们对事物、环境、世界的认识是否客观，据此作出的判断和行动是否正确，很大程度上取决于新闻媒介中的信息是否真实和准确，客观和全面。

2. 为什么是必须履行的义务

国有、公有的传媒是用社会公共资源办的，自然要服务于社会、承担社会责任，那么私人资本办的媒介，或个人的“自媒体”呢？

（1）权利和义务不可偏废。公民的权利和义务是相互依存、相辅相成、对立统一的，自由的权利和责任的义务也是如此。有义务就要有权利。“无代表，不纳税。”反过来，有权利也就要有义务。有了参与社会事务和享用社会资源的权利，就要纳税。法律、合同都有权利和义务以及罚则的规定。

传播自由是一种权利，传者如果没有这种权利，也就难以履行相应的责任义务。反过来，传者也不能只享有自由权利而不履行责任义务。

（2）影响巨大而资源有限。传播媒介的正面积极影响和负面消极影响都很大，因而在很大程度上关乎公共利益。而其资源则是有限的，包括物质资源，广播电视频率频道资源，受众的注意力资源，因而传播媒介不应“占着茅坑不拉屎”。

（3）以自律求自由。对传者的权利要有尽可能大的保护，尽可能小的限制，而如果传者自律不够，便只能施以他律，而过度的他律又会损及传播自由。

3. 新环境带来新问题

新媒体传播的自由度是利弊共存的双刃剑，对新媒体传播的问责难度又更大，尤其是对微博微信等传播和新媒体的跨国越境传播。如许多国家对不知建在哪里的揭秘网站头痛不已，对色情网站也防不胜防。

另一方面，管理、控制者也有了新的便利。如以技术手段监控传播内容和传者，屏蔽、封禁某些内容和传者。这种便利也是双刃剑，可有防止有害传播的作用，也会有过度限制、侵害传播权和隐私权等后果。

传媒的全球化主要以商业化运作手段展开，并且迫使相关市场上的公有和国有传媒也趋于商业化，以取得相应的市场竞争力。这又给加强传媒的社会责任、遏止商业化的消极影响，都带来了新的难度。

二　西方的问题

1. 问题的由来

（1）自由被滥用。争取新闻出版自由，是西方资产阶级在革命时期反对封建统治提出的口号。资产阶级革命胜利后，有的执政者又“屁股决定脑袋”，只给自己、不许别人有新闻出版自由。经过几十年、有的国家上百年的反复拉锯，终于确立了新闻出版自由原则，新闻媒介得到迅速发展。然而，滥用新闻出版自由，有悖新闻职业道德的情况也日益严重。

如在19世纪的美国，许多报刊沦为个人和少数利益集团的工具，或肆意攻击他人和对立党派，毁坏他人名誉，或黄色新闻泛滥，制造耸人听闻的虚假新闻，等等。

（2）理性不可靠。这时的思想界也已认识到，人并不总是理性和明智的，并不总是会选择优质的信息和意见。还有许多受众缺乏对媒介的批判和监督能力，又倾向于接受低级趣味的内容。随着传媒的发展，众多下层民众成为传媒市场的主体。一些传媒降低格调以迎合市场，大量采用黄色新闻手段，渲染肤浅庸俗、刺激轰动、色情暴力等内容，乃至侵犯个人隐私。同时忽视有意义的内容，还起了维护现状、阻碍社会变革的作用。

（3）垄断 + 私利。自由竞争的市场必然会走向垄断。19 世纪末 20 世纪初，传媒业与其他行业一起进入垄断时代。自由竞争、信息与意见的自由市场名存实亡，一些垄断性传媒机构又只传播有利于自己的信息和意见。有的传媒则屈从于大广告主的压力。

这些都给社会带来越来越大的危害，遭到社会各界和公众的强烈批评。于是面临着政府出面干预新闻媒介的可能，而政府干预又是违背西方的新闻出版自由主义原则的。

2. 社会责任论的提出

1942 年 12 月，时代出版公司的创办人亨利·卢斯建议芝加哥大学校长罗伯特·哈钦斯，对新闻传播自由的现状和前景开展一项调查研究。经费由时代公司提供 20 万美元，大不列颠百科全书公司提供 1.5 万美元。哈钦斯挑选了一批专家学者，组成“新闻传播自由委员会”，开始进行这项研究。

该委员会共 13 名正式委员，有法学教授、经济学教授、政治学教授、哲学教授、宗教哲学与伦理学教授、人类学教授、历史学教授和政治家、教育家、银行家。还有 4 名外国顾问、包括时任中国驻美大使的胡适博士（他于 1944 年回国后无法参加这项工作），哈钦斯任主席，因此该委员会又被称为“哈钦斯委员会”。

1947 年，该委员会提出了著名的研究报告《一个自由而负责的新闻界》。该报告总结了面临的问题，提出了一系列新的见解。同年，该委员会的成员威廉·霍京发表著作《新闻传播自由：原则的纲要》。这两个文本成为新闻媒介社会责任理论的奠基之作。

过去我国学者以为，哈钦斯委员会是对新闻传播自由提出异议，实际上该委员会不仅不反对新闻传播自由，而且要寻找出拯救新闻传播自由的途径，克服实践中的问题，使之能被更好地实行。

我国学者的误解是由翻译错误引起的。《一个自由而负责的新闻界》在篇首提出：“The Commission set out to answer the question：Is the freedom of the press in danger? Its answer to that question is：Yes…”这句话曾被翻译为：“本委员会首先回答的问题是，新闻传播自由是危险的……”显然，这不符合原文，或许与当时（1980年）我国的出版环境有关。

正确的翻译应该是：“本委员会打算回答这样一个问题：新闻传播自由处于危险中吗？答案为：是的……”这正道出了该委员会的主旨：拯救新闻传播自由于危机之中。

3. 新闻传播自由委员会的主要创新观点

（1）自由的实现要有具体条件。包括拥有自由行为所必需的手段和设备，没有来自外部的不当阻碍和控制，但要受到他人相等的自由权利的限制，以不损害他人的、公众的自由为界线。

（2）公众的利益高于媒介的自由。媒介不能为所欲为，让公众只有避开的权利。相反，公众有获得新闻的权利，“知的权利”。保护新闻媒介的自由，仅仅是为了通过媒介保护公众的权益。因此：

（3）媒介机构有义务承担社会责任，满足公众对媒介的需求。新闻界在社会和政治中有特殊地位，其自由应与责任相伴。这些责任包括：提供真实、全面、客观、重要的信息和解释；提供交换意见的论坛、包括发表与自己相反的意见；介绍和阐明社会的目标和美德；监督政府、保卫个人；维持财务上的自足、即经济上的自立，不受利益集团的左右。

（4）对新闻传播自由的主要威胁已来自新闻界自身。政府对新闻传播自由的威胁已经退到次要地位，而新闻界如不约束自己，只图私利，不能满足社会的需要，反而损害公众的利益，那么公众将不得不呼吁政府，或通过自己的组织来管制新闻界。

（5）政府也可采取措施（这与过去认为政府绝对不可插足新闻媒介有所不同）。政府不能只是消极地允许自由，还要积极地保护自由，包括制定传媒业的反垄断法规，支持新入行的传媒业者，以遏制媒介过度集中、缺乏必要的竞争性，保持意见市场的多元性。必要时政府可创办自己的媒介，作为私有新闻工具的补充。

4. 社会责任论在西方的实践

（1）努力实行

社会责任理论提出后不久，就被许多国家接受，对私有传媒形成一定的压力，包括舆论的影响、受众的选择。此时正逢电视大发展，许多国家纷纷办起公共电视台，由国家、政府和社会出资，公共机构拥有和管理。

西方人士又提出对不承担社会责任者如何问责，纷纷建立起新闻媒介评议机构。

如1953年7月英国成立了新闻界的自律组织——新闻媒介总评议会。1991年在评议会的基础上建立了新闻媒介投诉委员会，其中非新闻界的委员达到了40%，还建立了独立的财政委员会，以使该委员会独立于新闻界，从而更具有代表性、独立性和约束力。它公布的《业务准则》涉及：准确性、辩护机会、隐私权、骚扰、对悲痛和冲击的侵扰、歧视、财经报道、机密信源、未成年人等。它作出的裁决具有准法律效力，犹如医疗事故鉴定机构，违反规约者将受重罚。美国也出现了新闻评议会、专业协会、内部督察员、媒介批评期刊等。

（2）对私有传媒缺乏钢性的问责措施。他们虽然大都标榜独立，但绝大多数仍受经济利益的左右，又往往与政治势力有千丝万缕的关系。他们一般以盈利为主要目标，广告收入为重要经济来源，因而特别注重受众的数量和质量，同时又迎合目标受众中的多数人，重刺激、轰动、趣味，新闻报道也有娱乐化、媚俗化倾向。社会责任论虽有道义的力量，但没有很大的威慑力，更没有强制力。

（3）公有传媒也有问题。目前西方各国的报刊基本上是私有的，网络媒体绝大部分是私有的，广播电台和电视台则有一部分是公有的。公有在这里指的是公共所有，既不同于国有，也不属于某个社会团体或政党，名义上独立于政府，但实际上许多公有传媒都有半官方色彩。一般由国家、地方议会或议会选定的独立委员会——如加拿大广播电视委员会CRTC，决定其基本方针、经济预算和拨款、最高决策和管理机构人选，并监督其服务于社会公益的状况。

公有媒介要提供有益于社会、但并不一定能获得最多受众的内容，如精英文化、高雅艺术、公益传播、教育和儿童节目。许多公有电台电视台起初不播广告，且很少纯娱乐性内容，经济来源稳定、不用通过市场竞争，与私有台明显不同。公有台刚出现时，弥补了市场上的不足，赢得了较多的受众。然而，公有台有“大锅饭”可吃，或还有垄断性地位，使其缺乏竞争压力和创造活力，呈现出机构臃肿、效率低下、懈怠浪费和官僚主义，节目呆板俗套、吸引力不强。

而私有媒介可以完全按市场需求、受众口味提供内容。私有台又很快把公有台能吸引受众之处学了过去。同时，社会越来越要求所有传媒承担社会责任，受众也越来越成熟，迫使许多私有传媒的内容也向公有的靠拢。有些私有传媒原本就很注重社会效应，其经济上的独立、对政府的批评监督又强于公有传媒，更符合西方人士对媒介的期望。这些都增加了私有媒介的市场竞争力。

于是公有媒介的市场份额每况愈下，不得不在内容和经营上与私有媒介趋同。于是西欧在20世纪80年代出现了广播电视私有化浪潮，不仅允许和新办了许多私有台，还有一些公有、国有台也转为了私有。其余的公有台则尽力提高吸引力和竞争力，在媒介内容和经营管理上越来越多地采用私有台的做法，如增加纯粹娱乐性节目和商业性广告，遂越来越像私有台。于是许多专家和公众提出：既然公有台花了公众的许多钱，还不如私有台受欢迎，既然公有台与私有台的内容已很接近，既然报纸大都是私有的，那么还要不要公有台？本世纪初，虽然公有台的经济支出逐年增多，有些国家给公有台的拨款却逐年减少，例如加拿大。

三　中国的问题

西方的新闻传媒社会责任理论和实践中，有不少值得我们借鉴之处。而由于国体、政体和传媒体制不同，我国与西方的传媒又有不同的矛盾和问题。

对他们来说，经济利益集团对媒介的垄断控制是很突出的大问题，因此他们在提出社会责任论时，就呼吁政府制定媒介领域的反垄断法规。对我们来说，发挥宣传、指导、教育作用是我们新闻媒介的重要任务，因此我们要采取各种措施，提高这方面的针对性、吸引力和影响力。而西方理论界尽管也承认新闻媒介有宣传作用，但是对新闻媒介主动发挥宣传作用基本持否定态度，认为会妨碍新闻传播的真实全面和客观公正。

对于大众传媒的追求经济效益和市场竞争，西方理论界基本只关注其负面影响，而我们现在开发、利用其积极作用，不仅要尽力提高经济效益，壮大新闻事业，而且要通过创造经济效益的过程，推动传媒贴近实际、贴近生活、贴近群众，提高吸引力和传播力，提高宣传艺术和服务水平，克服脱离群众、缺乏国际竞争力等问题。

1. 目标和内涵

共产党的宗旨是为人民服务，社会主义的目的是使人民幸福，包括使人民享有人类历史上最充分的自由，包括新闻传播自由。社会主义国家是人民当家做主的国家，人民应能享有比资本主义国家中更多的民主权利，为此也需有更多的传播自由。

苏联十月革命胜利后，列宁签署颁布了《关于出版自由的法令》，其中保证：

“在新秩序确立之后，政府对报刊的各种干预将被取消。到那时，报刊将按照这方面最广泛、最进步的法律，在对法院负责的范围内享有充分自由。”

再看媒介责任。中国新闻传媒社会责任的目标和内涵，简而言之，就是要全面发挥积极作用、防止消极作用。包括真实、全面、客观、公正、及时地提供各种有价值的信息，提供意见交流的平台，发挥信息、宣传、文化和其他服务作用；包括客观反映舆论、及时代表舆论、正确引导舆论、勇敢实施舆论监督，防止信息片面、思想误导等带来负面作用。

为此，需要全面发挥传媒的各种功能，满足人民的物质、精神和文化需要，满足社会的物质文明、精神文明和政治文明建设的需要，同时要防止各种功能的消极作用。

这里有一个关键问题——全面，尤其是信息沟通、意见交流和舆论监督方面。我们很容易以偏概全，不适当地限制某些重要功能。

对个人，新闻媒介是获取和发出信息（包括意见性信息）的重要工具。在大众传媒时代，社会环境很复杂、社会联系和活动空间很广泛，人们越来越难以不通过新闻媒介，直接获得足够的信息和实现足够的表达。新闻媒介有责任满足人们的这种基本又十分重要的需求，并尽力防止自己的局限带来误导。同时，新闻媒介还要满足人们对知识、艺术和娱乐的需求，促进每个人的全面发展和价值实现。

对政党、政府、企事业单位等各种社会性组织机构，新闻媒介也要做好它们获取和发出信息的工具，包括了解环境、问题和服务对象、活动效果，包括进行宣传、指导、教育和舆论引导。如党政机构了解民情，了解政策的实施情况和效果，发现为政之得失；宣传党的指导思想和路线方针等等。同时又要防止宣传指挥的失误，或被别有用心者、损人利己者利用，如不适当地封锁信息，发布片面、虚假信息或误导性广告。

对社会，新闻媒介要充分发挥守望环境、整合社会、集散文化等功能，促进经济发展和社会进步、环境保护。今天，我国新闻媒介有责任服务好生产力的解放和发展，同时充分解放和发展传媒业自己的生产力；积极传播和创造先进文化；做好党和人民的耳目喉舌。使我们的党更好地代表人民利益，提高执政能力；使我们的人民更充分地实现传播权利，满足传播需求；使我们的社会更和谐，发展更科学。目前还比以往更有对外传播方面的责任。

实现人民的新闻传播自由，也是我国新闻媒介社会责任的重要内涵。充分发挥传媒的社会作用，就包含着、实现着人民的新闻传播自由。反过来，人民的新闻传播自由是传媒履行社会责任的保障，使我们的传媒能够充分、及时地发挥作用，让人民了解情况、表达意见、反映愿望、实施监督，做好党和人民的耳目喉舌，帮助党和国家代表人民的利益，实现人民的意志和愿望，防止权力滥用和腐败。

2. 观念、方式和条件

新闻传播自由思想经过对封建主义的几百年斗争，确立了一系列相应的观念和实行方式。包括公民的知晓权，表达权，媒介利用权（包括反论权：公众可利用传媒，反驳传媒上的对其批评），意见广告权（公众可以付费在传媒上发表意见）。此外还有自由采访、编辑、出版、批评，自由获得信息，政府信息公开，对公众人物反向倾斜保护（公众人物受到新闻媒介不实批评的伤害时，对轻微的名誉侵权应容忍，不能要求赔偿，除非能证明传者确有恶意。媒介发生失误是不可避免的，必须让新闻界有“喘气的空间”）等等观念和措施。

然而实行这些观念和方式要有一定的条件。在普通人不能拥有影响力较大的传媒时，往往只能让实力强大的传媒机构，以及对那些机构有重要影响的经济、政治力量，享有最大程度的传播自由。这正是资本主义社会难以克服的矛盾。

社会主义社会要继承人类文明的一切成果，包括新闻传播自由思想和相应的观念、方式中的有益成分。我国建立政务信息公开制度，正是借鉴了国外保障知晓权的措施。我们在指明资本主义社会无法解决普遍自由的物质条件时，要防止走向另一个极端，把必要的、有用的思想、观念和方式也一起否定。

同时，我们又要让人民群众拥有实现新闻传播自由的物质条件。长期以来，我们以公有制解决人民掌握生产资料问题，现在我们正在探索公有制的多种实现形式，同时发展多种所有制并存的经济模式。由于新闻媒介的影响之大，我们更应该尽力防止传媒脱离人民，为此要积极探索传媒改革、包括人民群众拥有传媒的多种形式，例如把事业性和经营性传媒分开，实行不同的体制。

实现传播自由和履行媒介责任的环境条件有经济、文化、思想、科技等等，而其中最关键的，则是政治体制及相应的新闻体制。

3. 发展和进步

首先是思想观念要发展和进步。对新闻传播自由和媒介责任要有正确的、全面的认识。如果把新闻传播自由作为资产阶级的专利，如果把媒介责任仅限于宣传、指导、教育方面，而对守望社会、建设民主政治、实现人民的权利等作用知之甚少，或不予认同，就会使新闻传播在真实、全面、客观、公正、及时方面严重不足，使新闻媒介在意见交流、舆论监督方面障碍重重，宣传指挥有误时还会产生广泛、严重的危害。

同时要不断改进新闻工作。改革开放以来，我们的传媒取得了很大的进步，然而仍有些社会需要没能得到很好的满足。在发展的过程中，又出现许多新问题，包括片面追求经济效益，迎合市场降低品位，娱乐化低俗化，忽视低收入人群，从商业化的方向背离社会责任。

要充分发展新闻事业和传媒产业，提高履行社会责任的能力；优化传媒环境，包括健全法制、改进管理，健全市场、保持必要的多元化和竞争性。使我们不断趋于信息通畅、言路通畅、宣传有效、监督有力。

第十章　新闻法治

新闻法治是对新闻传播最重要的调控，标志着一个国家的调控水平。中国早就有过新闻出版法律、大众传播法制，但要真正完善法制、充分实行法治，则还需很多努力。包括借鉴国外经验，健全保障性、授权性法规，提升法在新闻领域的地位和作用。①

第一节　新闻法、法制和法治

一　新闻法

法是由国家指定和认可、依靠国家强制力保证实施的、普遍适用的行为规范体系。它以权利和义务为调整机制，以人的行为和行为关系为调整对象，以确认、保护和发展统治阶级或人民所期望的社会关系和价值目标为目的。

法的形式有宪法，法律及其执行细则和可作为司法依据的判例、司法解释，国家级的行政法规（国务院颁发）和行政规章（部委颁发），地方性行政法规。“小法要服从大法”，即低级别的法要服从高级别的法。作为最高级别的宪法被称为母法。

新闻法是关于新闻传播活动、媒介和行业的法，主要调整两方面的关系：一是新闻传播活动、媒介、行业与国家、社会公共利益的关系，二是与公民、法人等个体利益的关系。过去是大众传播法的重要组成部分，数字化时代延伸至人际传播、群体传播的法。

有的国家有专门的新闻法或新闻出版法。由于新闻活动涉及社会生活的方方

---

① 参见谢金文《新闻学通论》，上海交通大学出版社 2019 年版，第 225—245 页。

面面，需要调整的社会关系错综复杂，现在所有国家的新闻法都不是单一的法律，而是一种领域法，即存在于多种法的形式中。

宪法中有些条款与新闻和大众传播直接有关，如关于言论出版自由、关于人民的政治参与权和监督权、关于发展文化事业的条款。

法律可分为若干门类，如行政法、民商法、刑法、程序法等。有些法律在很大程度上与新闻和大众传播相关，如新闻法、出版法、著作权法、信息公开法、保密法、隐私权法。另一些法律间或涉及新闻和大众传播，如关于邮政、电波等的法律。

西欧陆地、北欧等大陆法系国家实行成文法，有的就有专门的新闻法或新闻出版法。而实行判例法的英联邦国家、美国等英美法系国家，或称海洋法系国家，一般没有专门的新闻法或新闻出版法，除了依据《宪法》和《民法》《刑法》《保密法》等里面的相关条款，还以判例为司法依据。

现代社会中，新闻活动在国家的政治和社会体系中有十分重要的地位，新闻法健全与否，是一个国家的民主是否充分、法制是否健全、社会是否成熟的重要标志之一。

二　新闻法制和法治

法制包括法规、制定和执行法规的制度、实施法制的体系（包括公、检、法部门）。曾任新加坡总理的李光耀先生在名为《从第三世界到第一世界》（From Third World to First）的回忆录中写道：我强调自由只能存在于一个秩序井然的国家。窃以为，这种秩序不应是封建专制之下的，也不应是苏联那样的，而应是健全的法制带来的。

法制中，制定法规的制度尤为重要。这种制度好，没法可以有法，法不完善可以完善；这种制度不好或缺失，法就无从健全和完善，拿来好法也会走样成坏法。

有了法和法制还不够，还要有真正的、彻底的依法办事，实行法治。为此，要有完备的、可操作性强的法，有制定、执行法规的健全制度和完善体系，有权力机构、社会组织和公民个人依法办事、守法行事。

许多国家、在许多历史时期都有法和法制，包括一些封建国家的晚期或末期，但并不都真正实行法治，或只是在有限的范围和程度上实行。这种范围和程度，是一个国家现代化程度的重要标志之一。

第二节 借鉴外国的新闻法

现在外国的新闻法一般在大众传播法之中。中国的法借鉴了许多外国法的精神和条款，外国的大众传播法及其中的新闻法也有不少值得我们参考之处，尤其在以下几个方面。

一 保障和限制

1. 关于表达自由

表达自由就是个人向外部表现其思想、主张、意思、情感的自由，包括通过言论、著述、出版、戏剧、电影、广播、电视、请愿、游行等进行表达，包括传媒的创办、编辑、批评、发表、传输的自由。

立宪国家都将保障表达自由列入宪法条款，作为大众传播立法的核心问题。如法国《人权宣言》（1789 年）第 11 条，美国宪法修正案（1789 年）第一条，中国宪法中也有相关规定。

传播自由是表达自由的题中之义，保障新闻传播自由也是新闻立法的核心问题。有些国家新闻法的名称就叫《新闻出版自由法》。最早是瑞典于 1766 年制定的，1881 年法国议会也通过了《新闻出版自由法》。

为了防止自由被滥用，各国法律也对表达自由进行了明确的限制。如日本宪法第 12 条规定：国民不得滥用宪法保障的权利，负有为公共福祉而利用这一权利的责任。所谓“公共福祉”，是指共享社会生活的众人所共有的生存和发展利益。

美国等海洋法系国家的大众传播法大量表现在法庭判例中。在限制自由表达方面，法院依据的主要原则有“利益衡量”原则和“最小限制”原则。

“利益衡量”（balancing of interest）原则也称“利益比较”原则：如果自由表达带来的利益与其他利益有矛盾，则比较各方利益的大小、轻重、先后，做出合理的判断和协调。该原则应与下列“明确、即刻的危险”原则同时使用，即不应以模模糊糊的、不知何时可能出现的利益损害为依据。还应考虑到对自由表达的处置会带来的不良后果。涉及公众人物的诽谤案中对媒介的倾斜性保护，实际上正是利益衡量的结果，如果对批评公众人物时的失误进行处罚会削弱舆论监督。

“最小限制”原则：在限制自由表达时，应选择达到必要目的所需的最小限制。其中又有“明显（或明确）而即刻的危险”（clear and present danger）原则：

1919 年美国联邦最高法院法官霍姆兹在一份判决中说：一切行为的性质应由行为时的环境来确定。即使对自由言论最严格的保护，也不会保护一人在剧院谎报火灾而造成一场恐怖。应考察有关言论是否造成了某种明显而即刻的危险。后来又被进一步明确为：明显而即刻的危险是不但非常可能即刻发生，且事件的发生还具有严重危害。如果我们还有时间通过讨论去揭示某种言论的虚假与荒谬、通过教育过程来避免其危害的话，我们可以运用的补救方式就是允许人们有更多的言论，而不是以强制来让人们保持沉默。唯有紧急情况才可以证明压制的正当合理性。不应禁止或剥夺某种宣传，除非这种宣传是旨在煽动或激起迫在眉睫的非法行动，且确有可能产生这样的后果。此外，有关的处罚也应尽可能小，达到惩戒目的即可，避免因过重而带来副作用。

2. 关于知晓权、信息公开

知晓权应是一项基本人权，也是实现表达自由的前提条件之一。“不了解情况就没有发言权。”但直到第二次世界大战结束以后，知晓权才在许多国家从一项应然的权利转化为法定的权利。

信息公开是保障公民知晓权的重要措施，也是整个民主制度的基础。包括政府的和政府从外部获得的、与公众相关的、不在保密范围之内的文件和其他信息，都应向人们公开。

1766 年瑞典国会制定的新宪法规定政府公文要公开，禁止新闻检查。1789 年法国在《人权宣言》中提到公民有权向公务员索取行政文书。1951 年，芬兰颁布《政府文件公开法》。1966 年以来，瑞典、美国、丹麦、挪威、法国、荷兰、加拿大、澳大利亚等国相继制定了专门的信息公开法。

美国的《信息自由法》（Freedom of Information Act，简称 FOIA，也译作《信息公开法》）始立于 1966 年。此前从 1946 年到 1966 年间，已有许多规章制度来规范各种机关（包括行政部门、军事部门、政府控制的公司、总统的执行机构等）掌控的信息。1966 年的《信息自由法》整合了已有规章制度，确立了“全面公开”原则，即应当全面、充分地公开信息，以公开为原则，不公开为有限的例外（该法限定了信息保密的范围），而且不仅应向请求人提供其指定的某个领域的信息，还应提供相关领域的信息，以表明机关已做出充分的努力。这与此前的行政传统是相反的。该法在 1974 年、1978 年、1984 年和 1986 年经过四次修改，进一步扩大了政府公开其文件材料的范围，并提高了可操作性。这部法律对世界上其他国家制定同类法律影响较大，包括其中一些具体规定。

构成美国信息公开法律体系的，还有与《信息公开法》相伴的《隐私权法》（Privacy Act），《联邦顾问委员会法》（Federal Consultant Committee Act），以及1976年通过的《阳光下的政府法》（Government in Sunshine）。

英国的《数据保护法》（1984年）、《地方自治体法》（1985年）、《个人资料查询法》（1987年）等，既包括信息公开的内容，也包括个人信息保护的内容。2005年元旦起实施《信息自由法》。

同时，许多国家都有保密法规，对公民的知晓权做出一定的限制。

二　关于诽谤和公众人物

从法律上说，诽谤是以永久的形式，发表毁坏他人名誉的言辞，包括书面、图像等形式的表述，使人在一般社会成员的判断中威信下降，在职业或行业上受到伤害，或令人回避和躲避。说话中毁坏他人名誉的表述不是永久性的，但出版物、广播电视电影等大众媒介则被认为是永久的形式。一些国家的《诽谤法》中，就有关于新闻报道的直接规定。

在海洋法系的美国，关于诽谤的两个典型案例是纽约时报公司对沙利文案、格茨对韦尔奇出版公司案，由此确定了对公众人物和普通百姓不同的司法原则，并被其他国家借鉴。

1. 保障对公众人物的批评

1960年蒙哥马利市警察局长沙利文起诉《纽约时报》诽谤，诉讼长达4年。当地法院和州法院都判沙利文胜诉、《纽约时报》赔偿50万美元，而联邦最高法院的终审判决，认定《纽约时报》的文字广告有差错，但沙利文作为公共官员，应被视为特殊的名誉权对象，有别于普通公众，批评者即使言辞过激或所举事实有所不确，也应被视为在所难免而受到言论自由原则的保护，不能以此为由剥夺人民的批评权利，否则等于扼杀媒介和大众的声音。沙利文不能证明对其职务行为进行批评者是出于实际恶意——即明知不对或不顾事实，便不能得到损害赔偿。

纽约时报社聘请哥伦比亚大学宪法研究权威维克斯勒教授和联邦前司法部长布朗尼尔为律师，上诉到联邦最高法院。律师提出此案不是简单的诽谤问题，涉及对公职人员的舆论监督，进而涉及言论自由、新闻传播自由问题：

——对政府及其官员的批评不能被随意视为诽谤，由此引发的诉讼必须遵循宪法第一条修正案的原则来审理；

——政治言论不能因伤害了政府官员的名誉而受到压制和惩罚；

——政府官员要在诽谤诉讼中取胜，必须证明被告具有“实际恶意”（actual malice），即以明知故犯或肆无忌惮的方式、使用已经明知虚假的材料来攻击和污蔑自己。

1964 年 3 月，联邦最高法院以 9 比 0 票一致推翻了州法院的判决。大法官威廉·布伦南代表法庭发表的判词指出：如果阿拉巴马州的做法适用于公职人员起诉那些评判其执行公务行为的批评者的话，那么由宪法第 1 和第 14 条修正案保护的言论自由和新闻传播自由，是否会因此而受到损害？回答是肯定的。要新闻媒体保证每一条新闻报道都真实无误，是不可能达到的。对于公众事务的辩论，应当是毫无拘束、富有活力和广泛公开的。它可以是针对政府和公职官员的一些言词激烈、语调尖刻，有时甚至令人极不愉快的尖锐抨击。

判决还进一步引用以前的有关判例，指出“本案涉及的政治广告，就是对当今一个重大的公共问题表示不满和抗议，它显然有权得到宪法保护”。即使它的个别细节失实，有损当事官员名誉，也不能成为压制新闻和言论自由的理由，仍然应该得到宪法第 1 条修正案的保护，只有这样，“言论自由才有其存在所需的‘呼吸空间’。”

“如果以法规强迫官方行为的批评者保证其所述全部情况属实，否则动辄判有诽谤罪、处以不限量的赔偿，则可能导致‘新闻自我审查’（self-censorship）。如果要求由被告负责举证，证明其所述情况属实，被禁锢的则将不仅仅是不实之词……，更令官方行为的潜在批评者噤若寒蝉。即便他们相信自己的批判无不实之词，也会因为他们无法确定自己在法庭上能否证明所述情况属实，或是担心付不起诉讼费，而在发表言论时多半会‘远离非法禁区’。这种法规阻碍公共辩论的力度，限制公共辩论的广度。”

布伦南申明了一条重要原则：当公职官员（public officials）因处理公众事务遭受批评和指责，致使其个人名誉受到可能的损害时，不能动辄以诽谤罪起诉和要求金钱赔偿，除非能拿出证据，证明这种指责是出于“实际恶意”（actual malice）。即“明知其言虚假，或贸然不顾（reckless disregard）它是否虚假”。

虽然 9 位大法官一致同意判《纽约时报》胜诉，但理由却不尽相同。其中布莱克大法官特地提出了他的补充意见，主张尽可能宽泛地解释第 1 条修正案所保证的各项公众自由。他指出，即使按最高法院的定义，“恶意也是一个难以确定、抽象的概念，证明其有难，证明其无也难”。把证明言论者有‘恶意’作为诽谤罪成立的前提，对言论自由的保护仍然太弱。有必要对新闻界进行绝对的保护。

“因此，我投票推翻原判的唯一理由，是几位被告有绝对和无条件的宪法权利在《纽约时报》的广告中批评蒙哥马利市各级政府机构及其官员。”“我认为，随心所欲言说公共事务的无条件权利，是第1修正案的最低保证。”言下之意，批评者即使被举证和审判者认为有“恶意”，其言论自由仍应得到保护。他的意见得到另两位大法官道格拉斯和戈德堡的赞同。

尽管有这种不同意见，布莱克仍高度赞扬布伦南大法官的工作，他在庭辩期间给布伦南写了一个便条：“你当然知道，尽管我的立场和我写的意见与你不同，但是，我认为你在《时报》案上的工作实在出色。这一刻终于来到了，它注定是通向保护思想交流权利的一大步。”

由此确立了一项司法原则：政府官员提出诽谤起诉，其担负的原告举证责任不仅要证明被告言辞不实或错误，还要证明被告“确实恶意”。而证明被告“确实恶意”是很困难的，这使媒介监督得到了较大的保护。

此后的案件中，法院又把涉及“公共官员”的时报案原则扩大到“公众人物”，即在社会中有独特的显著性，或有相当的权力和影响力者。他们通常身处公共事件的前列，会影响到这些事件的解决方式。

1971年的一个诽谤案中，布伦南大法官甚至提出，只要诽谤诉讼的内容涉及公众或普遍关注的问题，任何批评者都可以受到时报案原则的保护。于是娱乐和体育明星、工商界大亨、学术界精英，甚至社区的头面人物，都可被作为公众人物，对他们的攻击只要涉及公众问题，都可以受到时报案原则的保护。

2. 防止对普通百姓的诽谤

一些缺少自律的新闻媒体滥用时报案原则及其推论，出于狭隘的商业或集团利益，随意攻击谩骂他们讨厌的人，一些平头百姓受到诽谤、名誉受损时被戴上“公众人物”的帽子，状告无门。于是最高法院不得不重新考虑“确实恶意”原则的适用范围和具体标准。但由于这一问题涉及新闻传播自由权和个人名誉权之间的微妙平衡，处理起来极为棘手。

直到1974年，最高法院才在“格茨对韦尔奇公司案”的裁决中确定：公众人物以外的私人提起诽谤诉讼时，不需举证说明被告“确实恶意”，只需证明所指控的内容失实，并确实给原告造成了损害，即使被指控为诽谤的内容涉及公众关注的问题。

三　关于隐私权

隐私是个人不愿公开的、与公共利益无关的私人情况，如疾病、私生活、日记信函所载私事。在现代社会中，如何保护个人的隐私，如何保证个人数据不被泄漏、不被非法利用，已经成为各国人权组织和法学家关心的重要课题。

瑞典是第一个以法律条文保护隐私权的国家。美国1974年制定了隐私法。德国1977年制定了关于防止滥用个人信息的法律。1980年，国际经济合作组织通过了《理事会关于隐私保护与个人信息国际流通方针》，要求加盟国参照施行。现在已有近20个国家制定了个人信息保护法。

美国许多保护隐私权的规则是在判例中。例如媒体对公民肖像的使用方面，美国比较重要的原则之一，是由判决形成的“布恩规则”。根据该规则，肖像在新闻材料中使用后，本报本刊可以在介绍本报刊的广告中再次使用。此后这一规则又发展为：促销或介绍报刊等大众媒体需使用人物姓名、肖像时，不得用直接或暗示的方式表明该媒体已得到该人物的授权。

公众人物的私人情况有的与公共利益无关，有的可反映有关人物的思想情感、道德品行——这又是与公共利益有一定关系、甚至较大关系的。因此“公众人物无隐私”不完全正确，也不无一定的道理，还要从公共利益出发进行权衡。

以上四种法律内容在各国大众传播法体系中都占有较大份额。此外较重要的还有对某一类传媒进行管理和规范的法律性文件，如美国的《电信法》，德国的《信息与通讯服务法》，意大利的《公共和私人广播电视体制的规定》，等等。

第三节 探索中国的新闻法

一 立法情况

中国最早的新闻出版法是清朝政府于1906年、即宣布预备立宪之年颁布的《大清印刷物件专律》，两年后的1908年、光绪皇帝和慈禧太后去世前不久，颁布了《大清报律》和《钦定宪法大纲》，前者于1911年修订为《钦定报律》。此后的民国时期，专门的新闻出版法有1930年的《出版法》、1937年的《修正出版法》。这些法的主旨也是对新闻出版进行控制而非保护。

1949年9月底公布的全国政协共同纲领第49条规定：“保护报道真实新闻的自由，禁止利用新闻进行诽谤、破坏国家人民利益和煽动世界战争。”

此后的每个宪法版本中，都有关于言论出版等自由的规定，但由于对宪法的重视不够，由于缺乏相应的具体法律法规，由于以权代法、以政代法严重，许多时候没能很好地落实，有时反而采取相反的政策，如“文革”时期。

改革开放以来的法制建设大潮中，制订新闻法也被提上了议事日程。

1984 年 1 月，全国人大教科文卫委员会与中国社科院新闻所合建“中国社会科学院新闻研究所新闻法研究室（起草小组）”。1985 年至 1987 年底，该研究室和上海的新闻法起草小组、新闻出版署新闻法起草小组，分别拟出新闻法草案。最后汇集到新闻出版署，又重新拟出一份《新闻法（草案）》。这个草案在内部征求意见，先后改了十多稿。

1987 年中共中央十三大提出，要抓紧制定新闻出版法。1994 年，中共中央批准了全国人大党组向中央提出的八届人大期间（1992—1997）立法规划，其中有《新闻法》和《出版法》。

在制定《新闻法》的过程中发现，许多新闻问题的政策性很强，而政策会有发展变化，一时很难以法律的形式确定下来，《新闻法》的立法条件尚不成熟。

尽管如此，中国现在仍不是没有新闻法，只是存在于其他的法里面，包括在各种法的形式中。

（1）宪法。除了上述中国《宪法》第三十五条的规定外，还在第二十二、三十八、四十一、四十七、五十三条都有与新闻活动相关的规定。

（2）法律。中国三组最重要的基本法律都与新闻活动有关，它们是《刑法》和《刑事诉讼法》、《民法通则》和《民事诉讼法》、《行政诉讼法》和《行政处罚法》。

如《刑法》规定，“以造谣、诽谤或者其他方式煽动颠覆国家政权，推翻社会主义制度的”，“为境外的机构、组织、人员窃取、刺探、收买、非法提供国家秘密或者情报者”，构成“危害国家安全罪”。“严禁用任何方法、手段诬告陷害干部群众”，禁止“公然侮辱他人或者捏造事实诽谤他人”。

《民法通则》规定：“公民、法人享有名誉权，公民的人格尊严受法律保护，禁止用侮辱、诽谤等方式损害公民、法人的名誉。”

其他相关法律还有《著作权法》《广告法》《消费者权益保护法》《妇女权益保护法》《公司法》《合同法》《反不正当竞争法》《统计法》《档案法》《邮政法》《国家安全法》《保守国家秘密法》《戒严法》《防震减灾法》《证券法》《未成年人保护法》《预防未成年人犯罪法》《治安管理处罚条例》等。

（3）行政法规。这是国务院制定的领导和管理国家行政事务的各种规范性文件，其效力低于宪法和法律，但在实际执行中往往更经常被使用。如《出版管理条例》《印刷业管理条例》《广播电视管理条例》《音像制品管理条例》《电影管理条例》《卫星电视广播地面接收设施管理规定》《关于严禁淫秽物品的规定》

《关于严厉打击非法出版物的通知》《外国记者和外国常驻新闻机构管理条例》《政府信息公开条例》。

（4）行政规章。这是国务院所属部委等制定的规定、办法、实施细则、规则等规范性文件。如《报纸出版管理规定》《期刊出版管理规定》《关于广播电台电视台设立审批管理办法》《关于部分应取缔出版物认定标准的暂行规定》《新闻出版保密规定》等。

（5）地方性行政法规。这是省、自治区、直辖市，以及省、自治区人民政府所在地的市，和经国务院批准的较大城市，由当地人民代表大会及其常务委员会，根据其行政区域具体情况和实际需要制定的规范性文件。如《河北省新闻工作管理条例》《新疆维吾尔自治区广播电视管理条例》等。中国幅员辽阔，许多地方的经济、文化和管理水平有很大差异，有必要确立针对本地情况、适合本地特点的地方性规定。

二 法律保障现状

目前中国的新闻和大众传播法中，限制、禁止性的条款已比较完备，包括禁止危害国家安全、泄露国家秘密的规范，禁“黄”的规范，不得损害公民、法人的权益和公共利益的规范等等，从宪法条款到基本法律、专门法律、司法解释、行政法规和规章等，形成完整的体系。那种认为一讲自由就会忘记一切约束、一讲权利就会淡化各种义务的担心是多余的。

中国就大众传播的侵权问题也形成了一系列司法原则。其中著作权方面有专门的《著作权法》，其他方面有：

（1）名誉权。名誉有个人的和组织、团体法人的。名誉关系到能否受到他人尊重、能否顺利从事有关活动，如企业的名誉受损，会造成经济损失。名誉权就是名誉不受歪曲、贬低的权利。

同时具备下列三个要件才构成侵害名誉权：对特定对象造成了名誉侵害，具有法律上能够确认的损害名誉性质，给受害者造成了精神或财产损失。

上述西方司法实践中关于权力人物、著名人物等“公众人物”的原则，我们也已有所借鉴。

（2）隐私权。中国的法规中已有不少与保护隐私权相关的条款。[①] 但是对下

① 参见魏永征、张鸿霞主编《大众传播法学》，法律出版社2007年版，第168页。

列情况的传播，如果不是主要以盈利为目的，不属于侵犯隐私权，包括：已经公开的情况，个人在公开场合的活动，具有危害他人和社会性质的私密情况，本人同意放弃隐私权的，“公众人物”的。

（3）肖像权。这是公民对于再现自己形象的专有权利。未经本人同意、主要以营利为目的使用公民肖像，即为侵害肖像权行为。

（4）姓名权和名称权。名称权指的是组织、团体法人的名称。姓名权和名称权的拥有者具有选择、使用、变更自己的姓名或名称的权利，他人干涉、冒充、盗用即构成侵权。

然而正如大众传播法专家魏永征先生指出，对新闻活动及其主体的保障、授权性规范还有欠缺。一是有些权利还没有进入法律范畴。“新闻传播自由”尚处于置之不论，新闻工作者在传播活动中的权利，如采访权、发表权等仍法无明文，没有成为具体明确的法定权利，只是习惯权利，有关权利遭到侵犯时难以得到法律的有力保护。二是对有些已被法律承认的权利，保护也还不够完善。例如舆论监督已写入法律，但舆论监督的对象应承担何种义务，当舆论监督权遭到侵犯时应如何请求法律救助，对干扰破坏舆论监督者应如何制裁，仍有待法规明确。名誉权和舆论监督权往往会有冲突，有些人就钻法律空子，以保护名誉权为名抵制舆论监督。

此外，我们的政府信息公开条例尚属行政法规，有待进一步完善，包括扩大公开范围，规定公开为通则、不公开为例外，进一步明确、细化什么当公开、有关的责任和处罚，成熟后上升为法律。对传媒机构的独立经营权，传媒市场壁垒的去除，传媒受众的消费权、申告权，也需从法律上进一步保障。在转型中的国家，有不完善是正常的，只见成绩不见问题是危险的。随着依法治国、建设社会主义法治国家的不断推进，新闻与大众传播法也将不断健全和完善。

三　数字化时代的新要求

数字化给新闻传播的方式和各个环节带来的变化，需要新闻法制作出新的保障和限禁。如对传者，需由新闻机构扩展到各种其他机构和个人；对内容需由整体扩展到片段、词语；对媒介需有传统媒体扩展到新媒体、社会化媒体，乃至社交平台；对受传者，需由接受扩展到转发、评论等行为。其中有许多新的棘手问题，包括删帖、封账号、关键词屏蔽、新媒体版权、个人信息保护等。新闻法也由隶属于大众传播法，延伸至人际传播、群体传播的法，与大众传播法只是相交叉。

数字化日益加深媒体融合、传播融合，需要把关于新闻传播、新闻媒介的法制理念、精神、原则，辐射到其他传播其他媒介，如把新闻传播自由和社会责任方面的，辐射到表达自由、信息自由、传播自由方面。

数字化传播带来的新问题层出不穷，不能因此而随时制定或改变法律，可以先采用行政法规、部门规章，乃至政策规定。但他们都不得与宪法和法律相冲突，而应是宪法和法律精神的具体化。

第三部分

媒介与社会发展

新闻媒介是社会发展的工具，成为社会发展的标志和动力，反过来，社会的发展目标和途径又引领、左右着新闻媒介的发展，其中有许多经验和教训。

第十一章　新闻媒介与人类社会互动发展

新闻传播的形成和发展受到社会需要和条件的影响，反过来又促进社会发展。再传播过程的七个环节中，传播媒介处于最中间环节，承前而启后，其演进是新闻与社会关系和发展程度的重要标志。

第一节　新闻媒介与人类社会同生共长

一　新闻媒介与人类社会共同演进

1. 古代社会与新闻媒介

自从有了人类，就有了人类信息传播，包括新闻性信息的传播，就有了传播媒介，包括新闻媒介。

人类社会可分为古代和近现代社会。古代又可分为上古、中古和近古，与原始社会、奴隶社会和封建社会大致对应。

在原始社会中，只有广义上的新闻媒介。在奴隶社会中，没多少人有自主权，识字的人更少，基本上仍只有广义上的新闻媒介，只是在奴隶社会末期，才出现个别的狭义上的新闻媒介，即以新闻性信息为重要内容、面向公众连续传播的媒介。

在封建社会，新闻媒介受官方严厉控制，主要用于维护封建统治，其内容、形式和发展的缓慢都与封建社会相互对应、相互影响。在中国，则成为几千年封建社会“超凝固”的重要原因。①

2. 近现代社会与新闻媒介

近现代社会与资本主义及以后的社会大致对应。对世界历史时期的划分，苏

---

① 详见谢金文《中外新闻传播史纲要》，北京大学出版社 2013 年版，第 16—28 页。

联和我国以1640年英国资产阶级大革命为近代的起点，1917年俄国十月革命为现代的起点，1945年“二战”结束后为现代之后的当代。而在马克思、恩格斯、列宁时代，以及现在大多数国家，并没有上述“近代”这个概念；“现代”则是萌芽于1453年，拜占庭帝国首都君士坦丁堡被奥斯曼帝国攻陷，堵塞了欧洲通往亚洲的陆路交通，欧洲人寻找通往亚洲的海路，在15世纪末哥伦布漂流到美洲，开始了地理大发现，并使欧洲的工商业走向全球。这也是全球化的源头。由此带来工商业的新发展，思想文化和社会也进入新时代，即“现代”。这个“现代”一直延续到现在，“当代”也包含在其中，即从“二战”结束延续至今。

可见，我们是以社会主义社会诞生后为现代，而西方及许多其他国家是以资本主义社会诞生后为现代。目前又有了“后现代”的概念，指20世纪末部分国家进入信息社会以后。但这只是与过去的现代化水平相比较而言，并不是脱离了现当代。

近现代新闻媒介萌芽于资本主义经济发轫期，形成于资产阶级革命前不久，成熟于资本主义经济和社会快速发展期，从此伴随着资本主义、社会主义社会的发展变化。

近现代报刊诞生的标志，是17世纪初印刷周刊的出现。发展到一定程度以后，出现了众多日报，形成了新闻事业，即有较大规模和系统的、对社会发展有较大影响的经常性新闻活动，包括这些活动的主体和条件：机构与媒介、设施与人才、体制与管理等等。近现代新闻事业的主要潮流，是争取传播自由，全面发挥新闻媒介的积极作用。

第一次工业革命后的19世纪前期，廉价报纸获得成功，报纸真正成了大众媒介，内容和表达形式也日益具有现代报纸的平民化、通俗化特征。在与政党报纸此消彼长了半个世纪以后，廉价报纸的“高级版”——高级商业性报纸终于占据了主导地位。

第二次工业革命后的20世纪前期，广播电视迅速崛起，使新闻媒介更加大众化、平民化了，其社会作用也得以更加全面地发挥。

第三次工业革命后的21世纪前期，数字化新媒体成为主流，与知识经济、信息社会相呼应。

二　新闻媒介与不同时代的对应

1. 不同时代有不同的媒介

石器时代——非语言到语言，

青铜时代——语言到文字，

铁器时代——文字到纸张，

机器时代——纸张到印刷媒体，

电子时代——广播电视、新媒体。

生物时代——新新媒体？

2. 社会状况与新闻媒介的对应

我们还可以看到一个社会的状况与其新闻媒介的对应。例如新闻媒介的民主自由程度受制于、标志着、影响着一个社会的民主自由程度，不论是社会主义的还是资本主义的民主自由。在封建专制时代、“民可使由之、不可使知之”时代，新闻传播也“只许州官放火，不许百姓点灯”，只有朝廷可办邸报，不准民间存在小报。在资本统治时代，新闻传播自由的有无、多寡取决于资本的有无、多寡。在人民作主时代，新闻媒介也掌握在人民的手中，服务于人民的当家做主需要，物质和精神需要，德智体美、素质能力全面发展的需要。这些对应反映了新闻媒介与人类社会的互动发展。

可预见的未来社会是高度信息化、高度移动化的社会。可预见的未来媒介是人际传播、群体传播、大众传播高度融合的媒介，各种信息都能低成本高效率、自由顺畅地流通。这样的媒介使生产力大大解放，使人大大解放，使人际关系、群体关系、公众关系乃至国际关系走向新的格局和境界。

第二节　新闻媒介与社会发展密切互动

社会给新闻媒介提供了需求和条件，又受新闻媒介的很大影响。新闻媒介体现和推进了物质文明、精神文明和政治文明，是社会发展的重要标志和动力。如果说生产工具代表了生产力发展水平，那么社会工具代表了社会发展水平，新闻媒介正是重要的社会工具。

一　社会需要和条件决定新闻媒介

1. 社会需要的因素

信息、宣传、文化、娱乐等需要，使新闻传播、媒介、事业、产业应运而生，不断演进。其中，尽可能随时、随地、随心、随意进行传播的需要，使新闻活动和媒介更快、更广、更多、更方便；政治、经济、文化、大众社会、人民生活等需要，决定了新闻体制和机构、媒介和内容。

2. 物质和技术条件因素

传播条件包括物质、技术条件和社会环境条件。物质、技术条件带来传播能力的提升，人类物质文明、传播技术的每一次重要进步，从发明纸张、印刷、电报、广播、电视，到现在的新媒体，都使新闻媒介的质和量产生巨大的飞跃，如印刷、声光、电子技术之于报刊和电子媒体的发展。

3. 政治和经济因素

社会环境条件主要为政治、经济、文化、社会（包括受众）条件。政治是政府、政党、社会团体和其他社会势力在国家内政及国际关系方面的活动。政治的内容包括处理阶级内部的关系、阶级、阶层之间的关系、各大利益集团的关系，以及民族关系和国际关系等等。

政治制度、政治体制决定了新闻体制、机构及其运行，还在很大程度上影响了新闻媒介的布局和主要内容。不论从需要还是条件的角度看，政治对新闻媒介的影响特别大，因此要特别关注新闻媒介的政治环境优化。

由于新闻媒介会有很大的社会影响力，必然会受到各种政治势力的关注、影响、控制、利用。随着政治文明的进步，社会对新闻媒介的管理也必然趋于规范化、法制化，保护、促进新闻媒介的健康发展。

经济对新闻媒介的影响也很大，甚至更为深远。生产力和生产关系对新闻媒介有重大而直接的影响。生产力主要由生产资料、生产工具和劳动者构成，包括蕴含于其中的科学技术，一个时代的生产力水平决定这个时代的新闻媒介生产能力，包括新闻媒介技术水平。生产力还通过决定生产关系和媒介需求——信息、宣传、广告等需求和购买力——而影响新闻事业与产业。

生产关系是人们在生产过程中形成的相互关系。所有制、分配制都是生产关系的表现。它们显然会对新闻业的生产有直接影响。它们还通过影响生产力和上层建筑，而对新闻事业与产业带来很大的间接影响。

经济活动方式也是新闻媒介的重要影响因素。自给自足的自然经济不需要很多信息，市场经济要从市场获取资源和实现价值，需要大量的资金、原料、劳动力等生产要素信息，货价、运费、船期、消费者等市场信息，乃至与市场经济密切相关的政治、军事等信息。正是这些需要，催生了新闻事业形成的标志——近现代报刊的诞生。

如工业革命，给新闻媒介提供了物质、技术和流通条件，提供了城市人群和城市生活方式，提供了社会对信息的大量需求，带来生产关系的发展、城市化的进程、大众社会的形成和采用新技术的可能，开辟了对新闻媒介的新需要和发展新闻媒介的新条件，包括但不限于经济活动需要和经济收入条件。现代新闻媒介的发展，很大程度上依赖于广告，而只有在市场经济中，在工业革命兴起以后，才有大量的做广告需要。

4. 文化和社会因素

文化对新闻媒介有更深的影响。文化思想和观念、文化传统和水平，既直接、又深远地影响了新闻媒介的思想和理论、规模和品种、内容和形式，传者和受众。

如美国文化中的个性张扬之于媒介的创意和独立精神，日本文化中的忠诚归属意识之于世界前三的单种报纸发行量，印度的语言众多、识字率偏低之于报纸品种多而单种报纸规模小；如英语媒介为主的跨国新闻集团很多而其他语种的很少或没有。

传统社会中只有臣民意识的民众，与大众社会中具有公民意识的公众，对新闻媒介的期望、要求和利用、参与都大不一样。

社会的空间结构、人群结构、系统结构，也都会影响新闻媒介的格局和内容。如中国东部沿海城市的报纸远多与西部地区的，白领阶层的兴起催生、哺育了许多以他们未主要对象的报纸，政党系统的地位和布局决定了党报的地位和布局。

社会上的受众是新闻活动的传播对象和衣食父母，受众的数量、需要、收入、偏好、信仰、文化程度、传媒素养等，都影响着新闻媒介的数量和品种、内容和形式，尤其是在传媒市场化程度较高的地方。

新闻媒介可快速增多，在数字化时代更可以几乎无限地增加，而受众的数量和时间、精力和购买力则总是有限的，新闻媒介必然从传者为中心转向受众为中心。

二　新闻媒介影响社会发展进程

新闻媒介帮助社会沟通信息，交流意见，协调关系，集散文化，促进社会的思想解放，制度革新，经济发展，社会进步，同时也会产生很大的负面影响。

印刷报刊帮助了市场经济的发展，启蒙思想的传播，推动了资产阶级革命，维系、发展了社会的政治、经济和文化。电子媒体，尤其是新媒体推进了民主政治、知识经济、信息社会。反过来，新闻媒介的不作为、乱作为、反作为，也会阻碍、破坏社会发展。如封建主义对新闻媒介的专制式控制，法西斯主义对新闻媒介的御用式利用。①

以中国的现代化进程为例。② “现代”（Modern）指当今的时代。可以包括“近代”和“当代”，或指特定的历史时代、历史阶段。“现代化”（Modernization）是由传统社会向现代社会转变的过程，又是一个动态的概念，是向现代社会的先进水平不断靠拢，其标准随着现代社会的发展而不断提升。如果说在列宁时代，现代化的重要标志是电气化，那么现在就应是智能化了。

就逻辑顺序而言，现代化包括思想解放、制度革新、经济发展、社会进步。中国则起初经过了大体逆向的探索过程：经济振兴、制度革新、思想解放，社会和新闻媒介的进步则一路相伴，期间和后来又有剧烈的震荡起落，可谓行不易、知更难。

中国曾长期以中央大国自居，直到鸦片战争失败，才深切感受到与西方列强的实力差距，面临亡国之险。于是办厂、开矿、修路，兴起洋务运动，学习西方的物质文明；于是出现了中国人自办的新式报刊，宣传维新改良。当时外国人办的中文报刊也对中国人学习西方起了很大的作用。

然而尽管物质改观了，船坚炮利了，甲午战争还是惨败于远远小于中国的日本。康有为、梁启超等先进知识分子看到国内各方面制度的落后才是更为关键的问题。于是办报馆、建会党、广泛宣传动员，出现了第一次国人办报高潮，推动了戊戌变法——改变法度、即各方面的制度。戊戌变法失败后，孙中山领导的同盟会进行更为彻底的变革——推翻封建帝制，建立民主共和国。于是办《中国日报》《民报》《神州日报》《大江报》等等，出现了第二次国人办报高潮，推动了辛亥革命。

然而辛亥革命还是失败了，中国还是回到了封建独裁统治，只是统治者由帝王变成了军阀。陈独秀、胡适、鲁迅、李大钊等先进知识分子看到思想文化的落后才是最为根本的问题。于是办《新青年》、《每日周刊》等等，倡导民主与科学，出现了第三次国人办报高潮，推动了五四新文化运动，乃至传播马克思主义。

此后中国进入现当代时期，物质文明、精神文明、政治文明仍与新闻媒介共进退。例如最近几十年里，中国新闻媒介大大促进了改革开放的进程，在这过程中也大大解放和发展了自己。

---

① 参见谢金文《中外新闻传播史纲要》，北京大学出版社 2013 年版。

② 参见谢金文《简论新闻媒介与中国现代化》，《新闻春秋》2015 年 8 月。

第十二章　新闻媒介与社会发展目标和途径

第一节　新闻媒介与社会发展的总体目标

一　目标解析

从最终目的来看，有两种目标：一种是根本目标，一种是手段目标。前者是总体性、方向性的，后者是具体性、操作性的。例如我们在校学生，目的是健康地成长，根本目标是德智体美劳全面发展，手段目标有得到好成绩、考上好学校。有些人只顾追求手段目标，忘了根本目标和最终目的，一路埋头狂奔，一考上好大学就懈怠起来，浪费了优质教育资源，自己也难有很好的人生。因此要分清这两种目标，而不要一味追求手段而忘了目的。

社会也是如此。最终目的应是人的幸福，根本目标应是人的解放和全面发展，手段目标有政治、经济、文化等诸方面的。社会也不能只顾手段，不顾目的和根本，而要不忘为了人民解放和幸福的初心。中国 1978 年决定的改革开放，就是这种纠偏从实现过程来看，目标还可分为阶段性的和最终的，各个阶段性目标也是如此。例如我们有的学生，最终目标是成为杰出人才，阶段性目标是考上各阶段的好学校，其中每个阶段内又有达到全班第几名等。

二　社会发展的总体目标

社会发展的总体目标是在社会发展中不断实现的整体性目标：人的解放和全面发展。社会发展的总体目标来自于发展目的：人的幸福。

幸福是一种持续时间较长的对生活感到满足的愉快心情。幸福需要一定的条件和能力，与人的解放和全面发展程度成正比。为此需要相应的经济文化水平和社会文明程度，包括新闻媒介条件。

1. 人的解放

人的解放可分为两个阶段。[①] 第一阶段是从物质、精神和社会环境的奴役中解放出来，使人能够掌握、支配自己；人民当家做主地位的确立，给第一阶段的实现创造了制度条件。随着物质文明、精神文明、政治文明、和谐社会建设的发展，人们日益能够掌握、支配自己。

第二阶段是从物质、精神和社会环境的限制中解放，使人能够全面发展。

中国目前处于社会主义初级阶段，人的解放第一阶段的任务已有完成的基础，但尚有一段路要走。还有许多基本民生问题有待解决，许多人仍只得违意地做和违心地说。同时，我们已当越来越多地关注第二阶段的任务，致力于从物质、精神和社会环境的限制中解放出来，致力于人的全面发展。

2. 人的全面发展

人的全面发展，内容包括人的各种素质和能力的发展，方式是自由地、和谐地发展。

这需要摆脱物质和精神的奴役，能有发展的物质、时间和平等的机会，需要使受到的限制最小化（不受任何限制是不可能的），需要有相应的社会条件。

马克思认为，社会主义是“以每个人的全面而自由的发展为基本原则的社会形式。”[②]“在那里，每个人的自由发展是一切人的自由发展的条件。”[③] 恩格斯认为，社会主义社会“不仅可能保证一切社会成员有富足的和一天比一天充裕的物质生活，而且还可能保证他们的体力和智力获得充分的自由的发展和运用”。[④] 这是人类从必然王国进入自由王国的飞跃。

三　新闻媒介与社会总体目标的互动

新闻媒介是社会发展的标志和动力，也是实现人的解放和全面发展的标志和动力。

人的解放和全面发展，包括条件、过程和结果问题。它们既需要新闻媒介的帮助，又是新闻媒介的主要社会需求和最高价值所在，引领新闻媒介。

1. 新闻媒介促进目标实现

人的解放和全面发展，需要物质、精神财富和社会环境条件。包括社会的物

---

① 参见中共中央党校马克思主义理论教研部、中国马克思主义研究基金会编《马克思主义关于人的学说》，人民出版社 2011 年版，第 302 页。

② 马克思：《资本论》第 1 卷，人民出版社 1972 年版，第 649 页。

③ 《马克思恩格斯选集》第 1 卷，人民出版社 1972 年版，第 273 页。

④ 《马克思恩格斯全集》第 3 卷，人民出版社 1972 年版，第 322 页。

质财富充分增加、合理分配，精神文明充分发展、共同分享，人与人、人与自然、人与社会和谐相处、互利共赢，也就是说，实现政治文明、经济发达、文化繁荣、社会和谐。新闻媒介正是创造这些条件的有力工具。

新闻媒介还直接促进人的全面发展。

2. 发展目标引领新闻媒介

上述发展目标是人民的根本利益之所在，也应是新闻媒介的最高价值取向，为人民服务宗旨的具体化。新闻媒介要以人为本，服从、服务于社会发展的总体目标，落实到以人民利益为出发点和归宿点，包括人民的物质利益、精神利益、政治利益和发展利益，落实到从公共利益出发，实现公众的使用和满足。

目前我国新闻媒介应适时地从服务于人的解放第一阶段，向服务于人的解放第二阶段演进，即致力于使人能够从物质、精神和社会环境的限制中解放出来，实现全面发展。一方面服务于社会发展的具体目标（见下一节，另一方面直接满足人的全面发展对传媒的信息和知识需要、表达和交流需要、参与和创造需要，直接实现人民的知晓权、参与权、表达权、监督权、传媒使用权）。

为此，我们的新闻媒介在进行宣传时，也要反对口号出政绩，数字出政绩，弄虚作假出政绩；反对片面追求 GDP 而降低人的实际生活质量、物的世界的增值以人的世界的贬值为代价；反对生产安全、劳动防护缺乏，贫富分化严重，少数人的利益获得以多数人的利益牺牲为代价；反对过度消耗自然资源和污染、破坏环境，自己的、今人的发展以他人的、后人的难以发展为代价；反对不利于人的全面发展的思想文化、体制安排、社会障碍。

为此，应充分重视人民的传播需要和权利，调动社会资源和市场机制，充分发展优质、低价、方便的传播渠道和交流平台。

第二节　新闻媒介与社会发展的具体目标

一　社会发展的具体目标和指标

根据上述总体目标，社会发展的具体目标至少应包括经济发展和社会进步目标。社会发展还要有可持续性，合最终目的，不能以资源浪费和环境污染、破坏为代价，因此，社会发展的具体目标还应加上环境保护，即要有三个方面的具体目标：经济发展 + 社会进步 + 环境保护。

为了便于把握和落实，需尽可能把具体目标细化和量化为社会发展指标（相当于社会指标 social indicator，但也有个别社会指标不是社会发展指标，如人口增长率）。

众多的社会发展指标构成社会发展指标体系，其内容当包括经济、政治、文化、社会、环保、生活、人口等各个方面。

1. 经济方面。包括国内生产总值 GDP、国民生产总值 GNP、人均收入、工业化程度、信息化程度、第三产业所占比重、进出口情况等等。

2. 政治方面。包括民主自由度（各国标准不一，但也有相通之处，如公民参与度）、政府效率、社会资源的利用、人民的满意度等等。由于这方面很难量化，且争议会很大，因此较难采用量化指标，但又由于其重要性，当予以足够的重视、尽可能的努力和考量。

3. 文化方面。包括教育和科研经费（人均和占 GDP 的比率）、教育普及程度、传媒拥有量和普及率等等。

4. 社会方面。包括：

（1）状况。如城市化程度、交通设施、贫富状况（包括基尼系数、贫困人数）、就业状况、职业满意度、劳动条件、医疗卫生（每千人拥有病床和医生护士人数等）、社会保障和福利、男女和种族平等、教育和就业机会平等、犯罪率和破案率等等。

基尼系数（Gini Coefficient）是贫富差异程度。

意大利经济学家基尼（Corrado Gini，1884－1965）于 1912 年提出。

图中：绿线为绝对平均，蓝线为绝对不平均，红线为实际情况。

红线与绿线之间的面积除以蓝线与绿线之间的面积，即得出系数。数值越小，即红线与绿线之间的面积越小，收入分配就越平均。

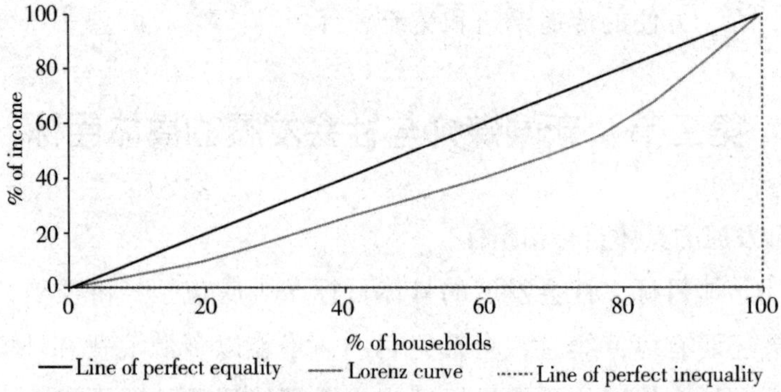

区段划分，按联合国有关组织标准：

低于 0.2，绝对平均；

0.2—0.3，比较平均；

0.3—0.4，相对合理；

0.4—0.5，差距较大；

0.5以上，差距悬殊。

2010年，一般发达国家在0.24到0.36之间。美国0.4，在“警戒线”。发展中国家较高，中国0.5。

（2）生活。如居住条件、恩格尔系数、文化消费支出、闲暇时间的利用等等。

恩格尔系数（Engel's Coefficient）：食物支出占总支出或总收入的比重。

$$\frac{\text{食物支出}}{\text{总支出或总收入}} \times 100\%$$

19世纪德国统计学家恩格尔提出，一个家庭或国家，收入越少，食物支出所占比重就越大。

区段划分，根据联合国提出的标准：

20%以下为极其富裕；

20%—30%为富裕；

30%—40%属于相对富裕；

40%—50%为小康；

50%—60%为温饱；

60%以上为贫穷。

20世纪90年代，恩格尔系数在20%以下的只有美国，达到16%。欧洲、日本、加拿大，一般在20%—30%之间。东欧国家一般在30%—40%之间。发展中国家，基本上在小康至贫穷。

中国大陆1978年农村家庭的恩格尔系数约68%，城镇家庭约59%，平均超过60%。到2005年下降到农村45.5%，城镇36.7%，加权平均约40%。2008年农村43.7%城镇37.9%。

局限：住房、医疗、教育是最大的支出，而这些又都是社会保障的内容。也就是说，食物以外的社会保障越好，食物支出的比重也会越高。还要考虑到城市化程度、食品加工、饮食业和食物结构的影响。高档食物的支出多不仅不表示贫穷，而且表示富裕。

1997年福建省城镇居民恩格尔系数在全国各省中最高，达到62%，海南省为59%；而生活水平较低的陕西省城市居民恩格尔系数为47%，宁夏为46%。可见不能完全套用恩格尔系数，还要考虑到许多其他因素。

但总体看，中国居民生活水平的变化还是大致符合恩格尔系数的。20世纪80年代以前，城市居民恩格尔系数一直在55%以上；1982—1993年一直在50—55%间；1994年以来一直在50%以下。同一年份中不同收入家庭之间的差异，也符合恩格尔规律，1997年按家庭可支配收入划分五等分，他们的恩格尔系数依次为：55.7%、51.1%、47.9%、43.6%和39.5%。

（3）人口。如寿命、健康、营养、文化程度等等

5. 环保方面。包括空气质量、工业废水处理率等等。

社会发展的具体目标因时因地而异。各个国家的国情不同，包括历史、文化和现实条件、发展阶段不同，其社会发展的指标和各项指标的权重也不一样，很难进行简单的比较，例如经济增长指标和环保指标。但这些指标对于一个国家了解自己的发展状况和努力方向，还是很有帮助的，而且不应过于强调目前的特殊性，要有一定的全球视野和长远目光。

二　新闻媒介与社会发展具体目标的互动

1. 具体目标需要新闻媒介

2014年2月28日，一年前从央视辞职的记者柴静自费拍摄的纪录片《穹顶之下》通过网络播映，引起广泛关注。一天之内，这一长达103分钟56秒的调查纪录片，点播下载量达上亿次，在手机上被反复“刷屏”。“说实话，我不是多怕死，我只是不想这么活着”——这句震撼人心的话，连同务实的调查、翔实的数据和深入的剖析，引发网友强烈共鸣。雾霾、空气污染、碳排放等，再度成为舆论关注焦点。3月初召开的“两会”上，反腐和环保成为最热的议题。

新闻媒介对经济发展、社会进步和环境保护有重要作用。表现在社会发展道路和方法的选择之中，社会各个系统的结构优化之中，政治、经济、文化、社会、环保等各方面的合理有效运行之中。

从社会指标来看，上述各方面指标的改善都需要新闻媒介的帮助和促进。新闻媒介本身也是社会发展的标志，可成为一种指标。虽然各国对新闻媒介的使用习惯很不一样，但一个国家新闻媒介的发展进步，仍能在很大程度上反映这个国家的发展进步。

2. 具体目标引领新闻媒介

首先是引领新闻媒介的顶层设计，包括：

——总体定位。如在当今中国，新闻媒介应根据社会发展的具体目标，保证服务好经济建设这个中心；保证正确路线方针政策的传播，先进思想文化的传扬，百花齐放百家争鸣的实现；保证民情民意的反映，人民内部不同意见的表达，并使真知灼见能引起足够的关注；保证舆论监督作用的发挥尤其是对权力机构和人物的监督。

——媒介设计。如 1956 年《人民日报》改版。这年，我国的社会主义改造基本完成，国家的主要矛盾、主要任务面临转型，毛泽东发表《论十大关系》，提出了探索适合中国国情的社会主义建设道路。《人民日报》在新闻界率先改革，扩大报道面、开展自由讨论和改进文风，很快向全国推广。

——产业设计。如 2010 年中央全会提出：推动文化产业成为支柱性产业。此时，我国刚总结了改革开放 30 年的发展成就和经验，经济发展和社会进步跃上了新台阶，正面向新未来。10 月 15 日—18 日召开的中共十七届五中全会，提出今后五年经济社会发展的主要目标，同时提出："基本建成公共文化服务体系，推动文化产业成为国民经济支柱性产业。"

——体制设计。如 2003 年以来区分两种出版传媒：事业性的和经营性的，进行不同的改革。此前 2002 年 11 月，党的"十六大"确立了全面建设小康社会的新目标，以及经济建设和经济体制改革、政治建设和政治体制改革、文化建设和文化体制改革的具体任务及要求。2003 年 6 月起，中央确定的 9 个省市、共 35 个宣传文化单位进行文化业改革的试点。其中新闻出版系统有 21 家。至 2012 年 9 月，经过十年的改革，经营性出版单位基本完成了转企改制——由事业单位转为企业。随后启动第二步改革"三改一加强"：完善法人治理结构，加快转换内部经营机制，推进股份制改造，加强与民间资本合作。

同时，社会发展的具体目标又引领新闻媒介的传播内容。新闻媒介内容的范围和立场、观点，都与社会发展目标密切相关。当我们在经济发展与环境保护的矛盾面前更多地强调前者时，后者受媒介关注的程度就较低，而当党的十八大把环境保护列为主要目标之一后，有关"美丽中国"的报道和评论大大多起来。建设小康社会、和谐社会的提出和实施，带来民生新闻的兴起和繁荣。

第三节　社会发展途径问题

一　发展途径的选择

1. 人类社会的发展途径

人类社会的历史就是一部发展史，其中每一个社会形态都是一种发展途径，或者说发展道路。人类社会走过的发展途径有原始社会、奴隶社会、封建社会、资本主义社会、社会主义社会。这其中，有某一个国家内的先后更替或局部倒退，也有世界范围内的尖锐冲突和相互影响、并存发展。各种类似的社会形态之中又有许多差异。

封建社会对少数人分封特权，以他们统治大多数人。其特点有自然经济、专制政治、迷信文化、等级社会。欧洲从公园 9 世纪到 15 世纪，实行分封采邑，形成领主与封臣、封臣与佃农的关系。中国从西周开始就如此，秦始皇起实行集权制，但其他方面仍具有封建社会的性质和特点。

资本主义经济形态经过了封建资本主义、自由竞争资本主义、垄断资本主义。20 世纪 70 年代以来发达资本主义国家的科技、经济、政治、文化和国际交往等各方面的社会化程度都更高了，还有社会主义因素增长明显，[①] 如国家所有制、现代股份公司的普遍发展，资本的所有权与占有权、经营权分离；员工参与企业管理，企业尊重人的价值、培养人的主人意识；国家对社会经济的宏观调控；政府对收入的再分配和社会福利措施的发展。20 世纪 80 年代以来一些学者提出和阐发新概念：社会资本主义，认为当代发达资本主义国家的生产社会化、资本社会化和社会生活社会化在 1970 年带已达到新的高度，进入了股份制为普遍形式的社会资本主义发展阶段。

资本主义社会的发展给社会主义、共产主义社会的出现创造了条件。马克思在《〈政治经济学批判〉序言》中说："无论哪一个社会形态，在它们所能容纳的全部生产力发挥出来以前，是决不会灭亡的；而新的更高的生产关系，在它存在的物质条件在旧社会的胞胎里成熟以前，是决不会出现的。"

社会主义是对资本主义的扬弃。有多种社会主义道路，包括斯大林时期的传统社会主义，现在的中国特色社会主义，以及其他国家特点的社会主义。

---

① 高放：《从〈共产党宣言〉的一处误译看资本主义如何过渡到社会主义》，《社会科学研究》2002 年第 5 期。

在社会主义初级阶段，保留资本主义中的有用成分、包括社会主义因素，同时发展各种形式的劳动人民合作经济和国有企业。到了社会生产力有了极大提高，阶级对立消失，人的自由发展达到很高程度，自由人联合体建立起来，生产资料的社会所有制圆满实现，那时从资本主义到社会主义的过渡时期便结束，社会主义社会便建设成功。[①]

还有所谓的“第三条道路”——资本主义和社会主义两条道路之间的道路，实际上是从资本主义向社会主义过渡的时期，两条道路分别采取弥补自身不足的新方案，包括吸收对方的长处，但搞得不好也会引入对方的问题。

目前世界各国都处在传统的资本主义和社会主义之间，并不断进行调节，去除极端化的、已经变得不合理的成分，采用适应新情况的新措施。因此都是“第三条道路”，也就无所谓“第三条道路”了。

发展之路不仅有路径问题，还有路况问题。在路径上前行的过程中不断遇到新的路况，能解决就尽力解决，解决不了就绕开，绕也绕不开就变革，以致改换路径，如从封建主义换到资本主义，从资本主义换到社会主义，从传统社会主义换到中国特色社会主义。

2. 如何选择途径

每一种社会形态的发展、更替过程中，都包含着发展道路的选择。随着人们认识世界和改造世界的能力、水平的提高，自然选择的成分逐渐减少，人为选择的成分逐渐增多。总体而言，从原始社会、奴隶社会、封建社会到资本主义社会、社会主义社会，前三种社会的发展中，自然选择的成分占大部分，后两种社会的发展中，人为选择的成分占大部分。

人为选择必须是按照发展规律的，也即“道法自然”。人又是可以发挥主观能动性的，可以通过正确的选择加速社会的发展。为此，需要立足现实条件，找准发展目标，顺势而为。当旧制度所能容纳的全部生产力充分发挥出来、新的制度创新的收益大于陈本（包括机会成本）时，推出新的制度。

新闻媒介在路况问题的发现和应对中，路径问题的考察和选择中，制度建设的探索和实施过程中，具有十分重要的瞭望环境、交流意见、宣传指导、舆论监督等作用。

3. 以中国为例

中国在抗日战争结束时，官僚资本主义道路占统治地位，但正走向末路，西

---

① 高放：《从〈共产党宣言〉的一处误译看资本主义如何过渡到社会主义》，《社会科学研究》2002 年第 5 期。

方式资本主义道路在中国也没有历史、文化传统和条件，有人提出走“第三条道路”，但在中国也行不通，新闻媒介领域要走“第三条道路”的典型是《大公报》，最后在夹缝中走进了死胡同，总编辑被当局点名，潜逃至香港。红色根据地走新民主主义道路，新中国成立后向社会主义道路过渡。

后来生产力与生产关系、经济基础与上层建筑的关系又有新的不适应，人们日益增长的物质和文化需要又远远得不到满足，中国不得不进行体制改革，让一部分人先富起来，并最终走向市场经济体制，同时实行对外开放，与国际接轨，融入世界经济体系。而在政治、文化、社会关系方面，则继承传统不折腾，与时俱进稳步改。

时至今日，数量、效率、当下、发展问题得到了很大的改善，但仍与中等发达有较大差距，质量、平等、将来、环保的重要性日益突出了，有的成了发展的瓶颈。需要转变经济发展方式，解决贫富差距过大，促进公平与和谐，保护资源与环境，需要体制的新改革，使市场在资源配置中起决定性作用，更好发挥政府作用，不断进行预调微调。

二 解决两难问题

1. 主要的两难问题

当代社会发展要解决数量与质量、效率与平等、当下与将来、发展与环境问题。这几对问题是对立统一的两难问题。其中的某一方会妨碍、制约另一方，现实中也往往顾此失彼。

例如一家三口租房卖点心，一个月的利润大部分交给了房东。在一定的生产力水平下，保护私有财产、保障财产性收入，可激励财富的创造，但又会使有些人可以不劳而获，效率妨碍了平等；而如果反之，没有这种保护和保障，则又使创造财富缺乏积极性，还会产生罚勤奖懒的结果，平等妨碍了效率，只剩富人变穷、穷人仍穷或更穷的经济平等。

但这些两难问题又会相互转化或共进退。如牺牲效率不一定带来平等，还会由低效率带来超越国界的更大范围来看的不平等。也可以通过发展来解决发展中的问题，包括以效率补不平，以当下谋将来。上述一家三口，说不定若干年后生意做大了，生活水平也赶上或超过房东了，达到把穷人变富、富人仍富或更富的经济平等。

在不同的时期需有不同的侧重。如经济发展水平很低的时期，发展的数量、效率往往比质量、平等更重要。奴隶制在当时比原始社会的平均制更可取。改革开放之初我们提出让一部分人先富起来。人们的生活也是如此，先不必太讲究，吃饱穿暖再说。此后，经济发展和生活条件的质量越来越重要起来，在全年人均GDP达到3500美元左右以后，质量的重要性就超过数量了。

不同的社会发展道路，也是对这些两难问题的不同回答。可以求同存异。求同：追求人类共同价值，包括国家追求民主、法治、文明、富强，社会追求自由、平等、公正、人本，个人追求仁爱、友善、诚信、科学。存异：探索各自发展道路，相互吸取经验、取长补短，相互竞合（竞争合作）、互利共赢。包括新闻媒介方面的。

2. 资本主义方案

自由竞争或垄断资本主义社会以私有私营经济为主、资本运行为中心；较多注重效率、追求当下利益；刺激了经济的发展，但较少顾及平等和将来利益。政治上通常强调对权力的制约和监督，要求不受少数人的控制，保障私有财产权和公平竞争；采取议会民主制和多党制，司法、立法、行政三权分立和制衡。新闻媒介被作为制约、监督党派和“三权”的“第四权力”——其实是一种社会力量，而非有强制性的权力，但仍可以很强大，并有特殊的重要性，甚至被认为比政府还重要。美国开国元勋之一杰弗逊在1787年致友人说：“如果让我选择有政府而无报纸，或是有报纸而无政府，我将毫不犹豫地选择后者。”①

这样的模式不能保证国家领导人最佳，但能保证不是最糟。然而易受“金权”——经济权势的控制，包括政党、政府和新闻媒介。且党派摩擦成本较高，决策效率较低。

3. 社会主义方案

社会主义主张以社会的力量来保障平等和福利。经济上要有一定的公共资源，一般以公有经济实体和税收提供；政治上要有较强的社会调控力。

有不同模式的社会主义社会。在斯大林时期的苏联，经济上高度国有化、计划化，忽视了经济规律和效益。政治上集中有余而民主不足。决策效率高，然而失误多。没有经济权势的控制，然而个人迷信、官僚主义严重，监督软弱。社会谋求长远利益，注重平等、追求将来社会质量、较少顾及效率和当下生活。管理体系成本高。新闻媒介是党的工具，宣传和指导作用大，信息和交流作用小，监

① 李明水：《世界新闻传播发展史》，大华晚报社1985年版，第312页，转引自陈立丹《世界新闻传播史》（第二版），上海交通大学出版社2007年版，第162页。

督权力的作用几乎没有。

中国曾经模仿苏联模式，现在走的是中国特色社会主义道路，就是在中国共产党领导下，立足基本国情，以经济建设为中心，坚持四项基本原则，坚持改革开放，解放和发展社会生产力，建设社会主义市场经济、社会主义民主政治、社会主义先进文化、社会主义和谐社会、社会主义生态文明，促进人的全面发展，逐步实现全体人民共同富裕，建设富强民主文明和谐美丽的社会主义现代化国家。

4. “第三条道路”

这种道路也有多种模式，实际上是以资本主义或社会主义为基本框架，同时吸收其他道路的可借鉴之处，以西方高福利国家和东欧一些国家为典型。

在北欧和西欧的高福利国家，仍以私有经济为主，但同时加强国家对相对平等和社会福利的保障。然而社会消耗大，效率低，不得不实行高税收，企业和劳动者负担重，积极性低，资金和人才外流。

以法国为例。作为世界第五大经济体，法国长期在管理、科学和创新上很有实力。法国的医疗保险和养老制度十分优越，许多法国人在 60 岁或更早就会退休，每年夏天五、六周的假期属于惯例，全职员工每周工作 35 小时，也有相关法律大力保护员工不被裁员或解雇。

然而到 2010 年代，法国的失业率和年轻人失业率走向历史纪录高点；在每千位居民中，有 90 名政府公务员，（在德国，这一数字是 50）；每小时工资成本很高，社会支出占到国内生产总值的 32%，在发达国家中是最高的；实际工资增长超过了生产率增长速度；国家债务超过了国内生产总值的 90%；与德国、英国、美国或亚洲相比，经济增长十分缓慢。

这时法国的绝大多数企业已无意雇用长期员工，2012 年新增就业岗位中的约 82% 是临时合同，高于五年前的 70%。90% 公司只有 10 名或更少的员工，由于税负过重、而中小企业还无法到海外避税，由于收入越高税率越高的递进幅度很大，小微企业无意扩张。

2013 年 8 月底《纽约时报》刊文：《让法国人骄傲的福利制度成了经济负担》。文中说，几十年来，法国的社会民主主义制度为其公民提供了稳定和高标准的生活，作为这方面的楷模，法国也以此为傲，然而现在的问题是，在同时面临全球化、人口老龄化和近年来的剧烈财政冲击之时，这样的福利制度能否持续下去。

东欧有的社会主义国家在“冷战”中后期也提出走“第三条道路”，借鉴私有经济的机制，提高运行效率和发展水平。然而许多问题并没能解决，又出现许多新问题。1990 年前后苏联东欧剧变之后面临新的道路选择，有的仍提出走“第三条道路”，有的转向资本主义道路，有的还加入了北约。

社会在发展，问题在变化，解决方案也要与时俱进。21 世纪初中国的科学发展观，要求以人为本，全面、协调、可持续发展，统筹兼顾，这正符合解决两难问题的需要：追求数量与质量、效率与平等、当下与将来、发展与环境的动态平衡，靠拢最佳结合点。

第四节　不同社会中的新闻媒介

在不同的社会中，新闻媒介及其与社会的关系也很不同，但仍可相互吸取经验和教训。

一　封建社会中

封建社会中诞生了古代报刊。它们基本处于专制统治的控制之下。只有国家、政府或其特许的组织和个人才能办新闻媒介，如英国 16 世纪的出版特许制度。各种出版物都要受到严格的事先审查。对“惹事”的媒介人进行严厉的惩罚，直至处死。

于是新闻媒介基本是统治者严控独享的工具，用于自上而下的传播。服务于专制统治，对社会的控制作用有余而沟通、协调、革新作用缺乏，对经济发展、社会进步和人民生活基本没什么积极影响，还在一定程度上延缓了社会的发展进步。

中国在秦始皇统一六国之前的东周为分封制社会，之后为中央集权制社会。新闻媒介也受到集权控制。唐朝的古代报纸雏形还能自由制作和传播，宋代加强中央集权，建立“定本”制度，由枢密院确定邸报的版本，其他内容的新闻媒介都属非法。从宋代到清代，民间报刊都被蔑称为“小报”，属限禁之列。新闻媒介成为中国封建社会发展缓慢、具有“超稳定性”、即超凝固性特征的重要原因之一。（历史学者称绵延几千年的中国社会具有超稳定性。然而稳定也可以高速增长，而中国封建社会是稳定地缓慢增长，还往往出现剧烈震荡，并不稳定，总体而言称为超凝固应更恰当。）此后的中国社会和新闻体制仍然带有浓厚的封建特征，新闻媒介基本上是权力的奴仆，而非权力的制约、监督者。

欧洲也有过类似于中国封建社会的媒介管控，不过那时王国林立，有些地方较为开明，或资本主义萌芽出现较早，传播、影响到其他地方。资产阶级革命兴起后，就把封建性的媒介管控冲垮了。

封建社会后期的民间报刊成为新思想的传播者和旧社会的掘墓人。如英国资产阶级革命时期的一些出版物，法国大革命前的启蒙主义报刊，如中国维新变法时期的《循环日报》《中外纪闻》《时务报》，辛亥革命时期的《中国日报》《神州日报》《大江报》等等。

二　资本主义社会中

资本主义社会中发展了近现代报刊和电子媒体。它们基本处于资本的控制之下。它们逐步走向社会大众，发展成政治系统的“第四权力”，经济系统的沟通工具和“无烟工业”，文化系统的主要实体，大众社会的必需品，在很大程度上发挥了社会瞭望、沟通、整合、监督、控制、服务作用。然而又在很大程度上被利益集团所控制，成为他们谋取政治和经济利益的工具，甚至以牺牲社会利益为代价。

自由竞争资本主义时代的自由至上主义认为，每个人的快乐和幸福才是最终目的，国家、社会是为人服务的，政府和执政者不过是受委托办事的，权力源于人民；人人都生而有言论自由、新闻出版自由，新闻媒介还应是人民监督政府和执政者的有效工具。这些思想理论成为资产阶级争取新闻传播自由、建立资本主义民主政治的有力武器，也是资本主义前期的新闻事业指导思想。

然而垄断资本主义时代的现实打破了昔日梦境，于是出现了传媒的社会责任理论，认为自由主义新闻思想应坚持，但自由、权利应与责任、义务相伴，新闻传媒应承担社会责任。该理论只是在自由主义新闻理论和体制框架内的修正，缺乏有力的实现措施，因而作用仍较有限。

一些较强调平等、福利和社会调控的资本主义国家中，报刊也基本私有，但社会影响较大的广播电视，曾经基本为公有和国有，现在一半左右为公有，其余为私有。然而那些公有的广播电视机构现在正面临市场份额下降、创新能力不足，以及效率不高、官僚主义等问题，被迫日益向私有媒介趋同。

发源于法国、英国等西欧国家的批判学派和民主参与理论认为，垄断资本掌握了大量文化产品，把它们作为盈利工具，传媒的社会责任论在实践中无法实现。公共传播机构日益官僚化使人们对社会责任论的失望进一步加深。于是提出民主参与的新闻思想，反对新闻媒介的集中垄断和政府控制，主张公众和社会团体民主参与，发展小规模、社区化、双向性、受众广泛参与的媒介。他们的批判是深刻的，方案是理想化的，新媒体对这种理想提供了很大的支持，但迄今对新闻事业的总体影响仍较有限。

三　社会主义社会中

社会主义社会十分重视、大力发展新闻媒介。有不同模式的社会主义，新闻媒介也与之相应。以苏联为代表的社会主义认为，国家是阶级统治的工具，无产阶级通过它的先锋队共产党、联合其他劳动阶级掌握国家机器；新闻传媒应是党和人民的耳目喉舌，既要用于宣传、指导和教育，又要用于联系群众，考察政策，开展批评和自我批评，满足人民的精神文化生活需要。作为党的新闻传媒，还要坚持党性原则，主要为按照党的纲领、章程和原则行事。

苏联在列宁时期创立，斯大林时期定型，1939 年面积为 2240 万平方公里。在戈尔巴乔夫时期经历“新思维改革”，1991 年苏共解散，苏联解体。现在的俄罗斯也仍有 1709 万平方公里，占原苏联面积的 76%。苏联对东欧、中国等许多国家产生了很大影响，其中有丰富的经验，也有深刻的教训，尤其值得受苏联影响较大的国家认真关注和吸取。

20 世纪八十年代以前，苏联新闻媒介全部国有党管，事业性、机关化管理；充分发挥宣传、鼓动和组织、指导作用，但社会瞭望、意见交流很少，舆论监督更缺。对苏联的社会主义建设和卫国战争起了很大的宣传作用，但是对长期存在和发展着的一言堂、家长制，权力失控、官僚主义，监督缺失、法制虚无，隐瞒真相、掩盖矛盾，压制不同意见、违背经济规律等等问题，新闻媒介不仅没有以其信息传递、意见交流、舆论监督等功能予以遏制、化解和纠正，反而起了推波助澜的作用。

中国在 20 世纪 50 年代初全面学习苏联，形成了与苏联基本相同的体制和工作方式，新闻媒介也基本只有宣传功能。1978 年改革开放后，中国根据以往的经验教训和国际国内新形势，走上了中国特色社会主义道路，新闻理论和实践也不断探索新路，包括研究传统和借鉴国外理论，如社会责任论和传播学、公共新闻学、新闻专业化等等。既要搞好宣传教育、舆论引导和工作指导，又要充分发挥瞭望社会、整合社会、反映民情民意、建设民主政治等作用，努力实现人民的知晓权、参与权、表达权、监督权、传播自由权。并逐步走向企业化、市场化、产业化、集团化和法制化，不断发展壮大新闻传播事业和产业。

现在中国的主要新闻媒介仍为国有党管，事业单位，但实行企业化管理，内容仍以宣传为主，但努力改进宣传方式，尽可能避免宣传味宣传腔，更多地用事实说话，同时尽可能增加其他内容，发挥信息、交流、监督等其他多种功能。商业性新媒体和各种社会化媒体也在新闻传播中发挥了很大作用。新闻传播业高速增长，其大楼成为许多地方的标志性建筑。

四 第三世界国家中

第三世界国家及发展中国家，它们有的采取资本主义制度，有的采取社会主义制度，现在大都以某种制度为基础、同时借鉴利用其他社会中的一些做法，新闻媒介也是如此。如中国已社会主义为基本制度框架，同时借鉴资本主义社会中的市场经济体制、传媒的社会责任理论和相应的实践。

发展中国家又有一些共同的特点，主要为经济相对不发达，由此产生一些共同的社会需要，如以发展为首要任务，以鼓舞民众、凝聚人心为新闻媒介的重要任务之一。新闻媒介还要通过宣传，来树立国家形象、贯彻落实政策；通过引导，来化解矛盾、整合社会、团结人民；通过交流，来献计献策、形成共识、齐心协力；通过反映，来守望环境、了解民情、监督权力。这些需要形成了发展传播学的核心。

一个社会中，会有不止一种传媒理论影响其新闻媒介。当今许多西方国家中，既以社会责任论为主导，又承袭了自由主义传统。许多第三世界国家中，既有发展传播学的影响，又借鉴了西方国家的或社会主义的传媒思想和理论。中国采取社会主义的传媒理论和体制，同时也吸收社会责任论、发展传播学和民主参与理论的有益思想。

第十三章　新闻媒介与西方国家

近现代新闻媒介诞生于西方。其中近现代报刊得以诞生的直接因素，是市场经济的发展和科技的进步。而廉价报纸出现——近现代报纸发展的重要里程碑之一，又是工业革命带来资本主义经济和社会发展的直接结果。

19 世纪后半叶起，商业性报纸成为主流，挤掉了官方报刊和政党报刊，以独立的经济地位带来独立的、以读者需要为导向的报道和评论，并有可能真正成为"第四权力"。

从 19 世纪末期起，资本主义进入垄断时期，几乎涵盖了新闻业的报业，也从自由竞争时代进入垄断竞争时代，并向寡头垄断发展。其标志就是报业集团的出现和扩张。

20 世纪电子媒介诞生和发展，是基于社会需要、技术进步和体制允许的条件，这些都是社会发展到一定程度以后才具有的。反过来，电子媒介也大大影响了政治、经济、文化和社会。如美国总统罗斯福利用广播进行"炉边谈话"应对经济危机，肯尼迪、里根等利用电视、奥巴马利用互联网竞选总统成功。

可按政治体制把当今西方国家大致分为两种：以美国为代表的总统制，以英国为代表的内阁制。新闻媒介在其中有不同的地位和作用。

第一节　新闻媒介与近代西方

对世界历史时期的划分，苏联和我国以 1640 年英国资产阶级大革命为近代的起点，1917 年俄国十月革命为现代的起点，1945 年"二战"结束后为现代之后的当代。

而在马克思、恩格斯、列宁时代，以及现在大多数国家，并没有上述"近代"

这个概念；“现代”则是萌芽于1453年，拜占庭帝国首都君士坦丁堡被奥斯曼帝国攻陷，堵塞了欧洲通往亚洲的陆路交通，欧洲人寻找通往亚洲的海路，在15世纪末哥伦布漂流到美洲，开始了地理大发现，并使欧洲的工商业走向全球。这也是全球化的源头。由此带来工商业的新发展，思想文化和社会也进入新时代，即“现代”。这个“现代”一直延续到现在，“当代”也包含在其中，即从“二战”结束延续至今。

一　资产阶级革命前后

西方资产阶级革命前，新闻出版普遍遭到封建势力的压制与限禁，英国的出版特许公司、出版法院及其法令是典型代表，并影响到其他国家。在资产阶级革命中，新闻出版发挥了重要作用，并积极争取自身的自由权利。

资产阶级革命胜利后，新闻出版自由并没有一帆风顺地实现。相反，在比较绅士风度的英国经过了一个半世纪的努力争取；在比较容易激动的法国经过了近百年的大起大落反复拉锯，甚至造成政权更替；在性格和传统比较自由独立的美国相对顺利些，但也经过了多次抗争和辩论；即使在政治环境比较简单宽松、在世界上最早有出版自由法的瑞典，也是经过了长期波折。

1718年瑞典国王卡尔十二世去世后没有法定继承人，国会乘机扩张权力。它推举国王的妹妹继承王位，条件是她承认缺乏继承王位的正式权利，批准实行一种新的政治体制。这种体制在国王和人民之间建立一种分权机制，防止君主独裁的重现，使国会的权力得到大幅扩张。从此开始了瑞典历史上长达半个世纪的“自由时代”，并于1766年制定了《新闻出版自由法》，属于世界首创。然而不久，新即位的国王在1772年和1789年废除了“自由时代”的基本法律，《新闻出版自由法》也被一项新的、对新闻出版进行严格限制的法律所替代。到19世纪初，瑞典进行宪法改革，并于1810年制定新的《新闻出版自由法》，重新确立了新闻出版自由。之后又有过数次这样的反复。

新闻出版自由的思想理论依据，则从表达和实现真理的需要，保障基本人权的需要，发展到保护人民、制约权力、实现民主政治的需要。这些思想理论有力地支持了西方现代新闻体制的确立，但却没能料到后来经济权势控制媒介、左右舆论和影响政治的局面。

资产阶级革命时，支持和反对革命的政治派别都办报宣传，开始了政党报刊时期。革命过后，报刊读者少了，而市场经济仍在初始阶段，刊登广告的需要还不多，加上有的国家还对报刊征收印花税、纸张税、广告税等，因此报刊社在经济上难以自立，在报道和评论上也不得不偏向于资助者——主要是党派。各党派也直接办报刊宣传自己、攻击对方，尤其是在竞选时期，通过报刊呼朋引类、党同伐异达到不择手段的地步。在美国，这段时期被称为“政党报刊的黑暗时期”。直到工业革命深入发展以后，独立的商业性报纸由弱转强，逐步走向主流，才使党派报刊由盛转衰，最终退出西方历史舞台。

二　工业革命时期

从18世纪60年代至19世纪30—40年代的第一次工业革命，由一系列技术变革引起和推动，用机器代替了手工劳动，使工厂代替了手工工场，极大地提高了生产效率。这场革命始于英国，席卷法、美、德等欧美国家，历时七八十年，使欧美大国基本实现工业化，由农业国变成工业国。

从19世纪60—70年代到20世纪初，又出现一系列重大的技术和生产方式的突破，形成了第二次工业革命浪潮。现在数字化又带来了生产和社会的一系列重大和深刻的变化，被称为第三次工业革命。

工业革命使社会生产力得到突飞猛进的发展，进而引起了生产关系和上层建筑的一系列重大变化，也对新闻事业产生了巨大影响。在此仅看第一次工业革命及其余波时期。

第一，改变了报刊环境，扩大了报刊需求。

经济上，生产技术升级换代，煤铁、纺织等产品的生产规模、数量、质量大幅度提升，交通运输和商贸领域也相应发生变革，由此带来了对报刊的大量需求，包括对经济信息的需求和广告宣传的需求。

政治上，新兴阶级、阶层与既得利益阶级、阶层的矛盾，包括资产阶级与封建阶级、无产阶级与资产阶级的矛盾，以及殖民扩张新势力与旧格局之间的矛盾，宗主国与殖民地之间的矛盾，都刺激了报刊的发展，包括无产阶级报刊的诞生。

社会和文化上，工业革命推进了城市化进程和新兴阶级、阶层的发展，以具有公民意识的公众为主体的大众社会的形成；推进了文化、科技、教育水平的提高，新的思想观念、文艺浪潮的产生；推进了生活水平、精神需求和报刊购买力的提高，由此给报刊带来了大量的新内容和新读者。

第二，催生了廉价报纸、报刊产业、无产阶级报纸和通讯社。

由于蒸汽印刷机、轮转印刷机的使用，交通、通信条件的改善，报刊可以大量制作、广泛发行，加上纸张、油墨、铅字等生产技术的改进，大大降低了报刊的成本。再加上广告收入的提高，每份报刊的价格大大降低。那些售价远低于已经不高的成本、连工人也消费得起的商业化廉价报纸，使报纸真正成为了面向广大公众的大众媒介。

报刊读者的大大增加，又进一步吸引了广告客户，并形成报纸以广告收入为主的经营模式，报刊业也成为了一大产业。其意义远不止于经济贡献。更重要的是，使报纸尽力满足公众需求而非党派利益，并由经济独立而获得报道和评论的独立。同时也带来以经济利益为导向的问题，那种“满足”和“独立”也是以不损害报刊老板利益为前提的。

工业革命引起了生产关系和社会关系的改变，使工业无产阶级和工业资产阶级规模扩大，矛盾加深，无产阶级开始成为独立的政治力量登上历史舞台，其报刊作为无产阶级争取社会地位、实现经济要求和政治目标的工具应运而生。

报刊社的增多和通讯手段的进步催生了通讯社。反过来，通讯社进一步降低了报刊社的成本，促进了报刊的大众化和市场化。

第三，革新了报刊内容和报道方式。

报刊社在经济上取得独立，使得它们在新闻和言论方面可以独立行事，有关国内情况的报道和评述增多，并能相对客观公正地报道和评论。

廉价报纸的成功使报刊内容更趋于迎合大众口味：以新闻为主，而不再像过去的报刊以评论为主；拓宽报道领域，尤其重视地方新闻、社会新闻，以及其他各种休闲趣味性、煽情性的新闻；大量刊登非新闻和时事评论内容，如诗歌、散文、连载小说、读者来信等。

报道方法和报刊文体也发生了很大变化。市场化报纸和通讯社要获得尽可能多的客户，就不能在新闻产品中有明显的倾向性，于是采用和发展了客观报道的方法。

工业革命以前的西方新闻报道仍然沿用早期的报刊文体，写出的新闻不像新闻，更似散文。例如英国的新闻写作基本上沿用当时流行的散文笔法，把叙事、抒情、议论混合在一起，讲究辞藻，文笔优美；德国的报纸搬用宫廷文学的手法，典雅华丽；美国报纸则采用短篇小说的手法。而商业性报纸兴起以后，新闻的客观性、时效性受到格外重视，客观、迅速报道的原则和方法，以及相应的注重导语、采用倒金字塔结构等文体也发展了起来。

从世界范围来看，工业革命使西方相对先进，东方开始从属于西方，加快了亚、非、拉等地区的殖民地半殖民地化进程，西方的近现代报刊及其办报模式也流传到其他地方，一方面服务于殖民和掠夺，另一方面也催生了其他地方的近现代报业。

第二节　新闻媒介与现代西方

一　垄断早期

19 世纪末和 20 世纪初，世界主要资本主义国家从自由竞争的资本主义进入到垄断资本主义，新闻业也随之进入垄断时期。

垄断时期大致可分为三个阶段：19 世纪末到第一次世界大战；第一次世界大战到“二战”；“二战”之后。

与此前相比，这一时期的西方新闻事业有明显的变化发展。独立于政府或政党的商业性报纸取代了政党报纸的地位，成为新闻事业的主体。报纸进一步普及，已覆盖整个社会，形成一种知识产业。在市场竞争中，报业逐步兼并集中，出现了拥有多家报纸的报业集团，开始向垄断发展。发行量增加的同时，种数和独立的报业机构却在减少，标志着垄断的形成。垄断资本控制报纸的所有权和内容，形成垄断竞争，并在许多地方形成寡头垄断。

这使报刊更具有独立的地位，成为司法、立法、行政权力之外的制衡力量，即所谓“第四权力”；更具有经济效益，以及相应的经济、技术、人才等条件。同时，报刊日益成为经济利益集团的工具，信息和舆论、社会思想和行为日益受其左右。加之新闻媒介过度忽视和危害公众利益，引发了极端自由主义媒介理论的危机和社会责任论的出现。

而在德、意、日法西斯主义集权制时期，土地贵族与资产阶级上层的联盟占统治地位，新闻媒介也受到集中控制，以至成为侵略战争的工具。

二　现代美国

美国新闻媒介的初期发展较为落后，基本上模仿英国走过的路子，但从 19 世纪中叶开始了突飞猛进，20 世纪的两次世界大战后，美国的国力后来居上领先世界，新闻业也领跑西方同行，其传播内容更是渗透到世界各地。

当代美国的新闻媒体中，电视的受众最多，但仍是报纸的社会影响力最大，因为其内容较深、受众的层次较高。然而在新媒体的冲击下，2004 年起报纸总销量逐年下降。

美国的广播电视也以私有为主。“二战”的报道把美国广播推向了历史的峰巅，而在20世纪50年代中后期至70年代，广播受到了电视的巨大冲击。广播电台不断调整发展方向，逐步转向了对象分群化，内容专门化，经营趋于小型化、贴身化，终于重新兴旺起来。

美国在20世纪五六十年代形成了三大广播电视网垄断市场的局面，对此，政府在1970年颁布了《财政利益和辛迪加规则》，遏制广播电视网对市场的垄断、对节目辛迪加公司的控制，保障节目来源的多元化、信息和评论的多元化。然而在1996年，全球化和传媒国际竞争加速发展之时，又推出新的电信法，放宽了对广播电视业集中化以及与电信业相互跨业经营的限制，带来了新一轮的更大规模的合并扩张浪潮。

美国的广播电视还广泛影响到世界各地，不仅有民营机构向世界各地直接传播和进行跨国经营，还有官方的VOA等专门进行对外传播的工具。同时，美国的广播电视体制也影响到其他国家，如20世纪80年代欧洲的广播电视私有化浪潮，1996年电信法又引致欧洲国家群起效仿应对。

美国的通讯社每天在国内外产生着很大的影响，其左右国际舆论的实际结果，成为20世纪七八十年代第三世界国家发出建立国际传播新秩序呼声的主要原因。现在美联社仍是世界上最大的通讯社，每天用多种语言文字向国内外大量发稿，包括电视新闻。

美国的网络媒体从诞生到发展都处于世界领先地位，不仅大大改变了国内传媒格局，还进一步增强了美国的软实力。

美国把在不同的地方拥有报纸的报业机构称为报团。它们最初只是单体大企业，拥有两个或多个分支企业而已，后来有的发展成报业集团，旗下有众多的具有独立法人地位的成员单位。有些又继续发展成拥有广播电视等媒体的传媒集团，或拥有各种媒体的全媒体集团。

有学者认为，美国新闻事业有过三种模式：市场模式、鼓吹模式（宣传模式）、托管模式。如前所述，由媒介人代表公众利益办媒介的托管模式，在现实中更多的是人们的愿望和媒体机构的声称。经济利益的追求，传播新技术带来的媒体增多、竞争加剧，不断瓦解着这种模式。

托管模式要求新闻传播尽可能客观。在20世纪六七十年代客观报道达到黄金时期，在80年代显出疲态，但又有解释性报道弥补其不足。90年代以来新媒体崛起，媒体增多，竞争加剧，市场细分，客观报道仍受推崇，但媒介已进入分化时代，许多传媒在新闻选择和处理上大做文章，解释性报道也被滥用，使新闻媒介的公信力大为下降，媒介与老板、与权势、与公众的关系，往往与人们的愿望相反。以至有的学者呼吁：新闻不等于传播，不等于媒体，要有新闻专业精神，不是有了传播方法、媒体策略就行了。

三　现代其他西方国家

这里选择了现当代其他对世界影响较大，或与我国关联度较大、又有代表性的国家。英国和加拿大代表了50多个英联邦国家。法、德、意、日都属于西方七大经济强国G7，且它们都有通讯社在世界十大通讯社之列。

1. 英国

英国较早进行资产阶级革命，形成现代资本主义国家。19世纪末期向垄断经济过渡，产生了几十个托拉斯及其他垄断组织，对外的殖民扩张达到了顶峰，殖民地遍布世界，建立了号称“日不落”的大英帝国。1867年和1884年进行了两次议会改革，资产阶级进一步巩固了在国家政治生活中的地位，同时又适当扩大了享有选举权的选民范围。形形色色的社会主义组织和工人组织相继成立，社会下层更加广泛地卷入了政治活动。新的形势使英国报业有了新的变化，在世纪之交出现了一批新的报刊，并且形成了早期的报团。

进入垄断时期后，美国的综合国力日益超过英国，“二战”以后更是如此，新闻传媒也与之相应。但英国仍是世界上新闻传媒最发达的国家之一，路透社、BBC仍是世界上最大的新闻机构之一，影响着全球新闻传播。

新闻体制上，英国报刊业与美国相同，基本上是私有的。广播在1922年诞生时是私有的，1927年收归国有，发展成BBC为主的公有制。电视曾经基本上是公有的。在20世纪80年代的私有化浪潮中，广播电视大大发展了私有台，现在是公私并举，各占半壁江山。

英国的新闻体制和媒介模式也推广到英联邦国家。英联邦（Commonwealth of Nations，原名British Commonwealth of Nations）由英国和已经独立的前英帝国殖民地国家或附属国组成。第一次世界大战后，英国势力遭到削弱，各殖民地人民纷纷要求独立，便逐渐用英联邦代替英帝国的称号。英联邦没有设立任何权力机构，主要组织机构有：联邦政府首脑会议、亚太地区英联邦政府首脑会议、联邦财政部长会议及其他部长级专业会议。1965年起设立英联邦秘书处，其职责是促进英联邦的合作，筹划英联邦各级会议。秘书处设在伦敦。

英联邦有 54 个主权国家，包括英国、加拿大、澳大利亚、新西兰、印度、巴基斯坦、马来西亚、新加坡、斯里兰卡、南非、尼日利亚、赞比亚、卢旺达等。

2. 加拿大

加拿大现有国土 997 万平方公里，21 世纪初人口 3100 万，大多数生活在南部与美国接壤的一带。地广人稀使加拿大人特别依赖通信设施，电话和广播都是加拿大最早使用。现在宽带上网的普及率又名列世界前茅，电子政务曾被评为世界第一。

加拿大有一百多种日报，都是私有的。非日报时生时灭，不计其数。1919 年诞生世界上第一个有营业执照的广播电台。后来也是公有的广播电视台一统天下，直到 20 世纪 80 年代如英国那样发展起私有台，现在也是公司各半。

在全球化时代，加拿大传媒受美国的冲击越来越大，其应对经验和教训对其他国家也越来越有参考价值。

加拿大在经济上处于“三明治”状态：受到来自经济、技术更发达的美国、日本等国家和成本更低的发展中国家两面挤压。于是采取了打破“大锅饭”，减少公共开支，减轻企业和个人的经济负担等措施。拨给公营广播电视机构的经费逐年缩减。各种媒体都日益面临来自国外的竞争，尤其是来自“邻居”美国的。1998 年加拿大文化市场中，国外的、主要是美国的大众传播产品，就已经占了 45% 的图书销量，81% 的英语消费类杂志零售销量，63% 以上的杂志发行收入，79% 的音像带、音乐光盘零售额和音乐会的收入，80% 电影发行收入。美国的《读者文摘》《时代》周刊等杂志皆在加拿大最畅销杂志之列。

加拿大做过许多抵御美国文化产品的努力，积极倡导、资助体现加拿大精神的传媒内容生产和经营。有的措施已实行了几十年，如资助本土影视节目的制作。有的措施则被世界贸易组织判为违规，如仅对本国杂志的发行给予邮政补贴、不给他国杂志相应的“国民待遇”。

3. 法、德、意、日

当代法、德、意、日的新闻事业都是“二战”后，在占领军的主持下重建的，主要体现了英美或苏联的意图，新闻体制和传媒格局在东德与苏联相近，其他国家与英美相近。同时各国又受到自己历史传统的影响，呈现出一定的差异。

报纸基本上都是私有民营的。法国和意大利有一批地下报刊转为地上，同时改造和新办了一批报刊。德国新闻机构基本上推倒重来，日本进行了不彻底的改造。广播电视则起初都是国营或公营的，20 世纪 80 年代起向私有民营开放，现为公私并举、相互竞争格局。

随着经济技术的发展，这四国的新媒体都很发达。此外，这四国都有通讯社进入世界十大通讯社之列。

第三节　新闻媒介与西方总统制国家

一　总统制国家

总统制是由选民分别选举总统和国会，由总统担任国家元首和政府首脑，行政机关从属于总统，独立于议会之外。总统定期由公民直接或间接选举，只向选民负责，不向议会负责。与议会制的根本区别，在于行政与立法分开（在议会制国家即使设有总统，其职位也只是国家元首，不兼任政府首脑，作为政府首脑的内阁首相或总理，由议会中的多数党产生，只对议会负责）。

总统在任职期间，没有因政见不同而倒台的风险，可以积极推行政策。议会中反对党占多数时，权力制衡强，行政权力不至于过度集中，但摩擦成本也高，运行效率受限，行政与立法机构常在许多问题上陷于僵局。

目前世界上采取总统制的国家，除美国和菲律宾、印度尼西亚、孟加拉国、巴基斯坦等国外，还有大多数拉丁美洲国家、大多数中亚和非洲国家，如墨西哥、智利、阿根廷、巴西、危地马拉、博茨瓦纳、象牙海岸（科特迪瓦）、喀麦隆、加蓬、卢旺达、肯尼亚。

这些国家在权力分立的程度，总统与其他中央国家机关的具体关系、总统产生的方法等方面也有差异。

二　总统制国家的新闻媒介

新闻媒介在西方总统制国家基本为私有，广播电视少量公有，补充公益性传播，但市场占有率不大。总体而言，新闻媒介在信息传递、意见交流、舆论监督方面表现出较好的新闻专业精神。然而在经济利益的左右下，新闻媒介的公益作用受到限制，负面效应难以去除。

以实行总统制的典型国家美国为例：

1. 社会作用

美国的新闻媒介后来居上，较好地满足了社会和公众的信息、文化、交流等需求，如《纽约时报》《时代》周刊、有线电视新闻网CNN。然而也有许多新闻媒介热衷于色情暴力、虚假炒作，乃至制造舆论、误导政策。

新闻媒介还被寄予“第四权力”的厚望，即司法、立法、行政权力之外的第四种制衡力量。新闻媒介常因监督权力而受追捧，揭露政治经济权势的丑闻的“扒粪新闻”深得人心。

19世纪末—20世纪初，美国期刊上揭露性的报道和文学作品大量出现，激发了民众推动立法改革的热情，国会在社会压力和总统的亲自倡导下，出台一批涉及大众生活的法律，如《食品药品纯净法》《肉类检查法》。揭丑报道虽因第一次世界大战而减少，但对美国报刊乃至图书的题材产生了深远影响。

美国新闻机构在法庭上的原告和被告席出现频率之高，也许可居世界之首。有些官司打到了联邦最高法院，如纽约时报案、五角大楼文件案。

现在美国的新闻媒介仍有偏见，仍在很大程度上受到经济诠释得控制，仍有虚假新闻和不负责任的评论，但其对权势的约束也仍发挥着重要作用。

2. 权力关系

与新闻媒介的社会地位和作用相应，美国的报社和通讯社是私有的，广播电视台也基本是私有的（社会责任论兴起以后出现一些公有的）。党派曾经也有新闻媒介，然而从政党、政府的利益和需要出发选择新闻、发表评论，被社会和公众日益不认可、不理睬，这样的新闻媒介日益被挤出市场，以至现已没有政党、政府办的新闻媒介，除了仅用于对外宣传的VOA（美国之音）之类。

在一些特殊时期，政府对新闻媒体既爱又恨，直接插手干预的事件屡屡发生。美国300年的新闻史，始终存在着政府与媒体对抗、博弈、妥协、合作等过程。早期，一个州议会主席可以下令将报社关闭，或将总编辑逮捕入狱。200年后，一家报纸也可通过不间断的揭露报道，把总统拖下台，如1972年至1974年《华盛顿邮报》的水门事件报道。

3. 利益追求

私有的新闻机构一般以盈利为目的，无论是通过媒介直接获利，还是通过影响社会舆论、公众情绪、政客利益、政策制订而间接获利。

新闻媒介的经济效益与社会效益有时是一致的，如好的社会效益能提高媒介声誉，赢得更多的受众和广告收入，私有的新闻媒介也会通过利他而利己。然而新闻媒介的经济效益与社会效益毕竟不是完全成正比的，有时还会有矛盾，许多情况下，多数新闻媒介或无所作为，或见利忘义。

自由竞争的新闻业与许多其他行业一样，也自然而然地走向集中和垄断。现在主要的新闻媒介已大都属于上市公司，基本由经济巨头拥有，他们或通过迎合市场，尽可能取得销售和广告收入，或通过左右舆论，尽可能取得有利于他们利益集团的社会和政治影响。往往造成“外部不经济”——有损于公共利益，甚至危害国际秩序。例如许多战争的背后，有经济因素带来的媒介因素。

1990 年 11 月 29 日联合国安理会的表决，给美国用武力把伊拉克逐出科威特开了绿灯，美国传媒放在突出位置大量报道，而一周以后联合国大会以 144 票对 2 票通过了一项决议，呼吁召开一个中东问题的国际和平会议，美国的一些新闻媒介则将此新闻放在很不起眼的角落。其中一个重要原因，是美国的主要新闻传媒，大都有军需品的大承包商提供广告和赞助，甚至直接拥有。几乎每个主要传媒公司的董事会里，都有“国防”承包商的代表。美国的全国广播公司 NBC 的拥有者，是美国通用电气公司 GE——美国最大的军需承包商之一。美国在海湾战争中所用的主要武器系统或其部件，几乎都有 GE 的设计、制造或提供维修，包括“爱国者”导弹和“战斧”巡航导弹、鬼怪式轰炸机、B－52 轰炸机、AWACS 飞机、“航星”间谍卫星系统。NBC 在电视上大肆称赞美国武器在海湾战争中的表现，等于在大肆宣传 GE 的产品。

第四节　新闻媒介与西方内阁制国家

一　内阁制国家

内阁制也称议会制，其政府首脑（一般称为总理或首相）的权力来自议会（即国会），通过两种途径：第一是国会改选后的多数议席支持，第二是行政首长赢得国会的信任投票。因此未能赢得国会大选的政党，其政府首脑连同其内阁必须提出辞职，而未能通过国会信任投票的政府首脑，连同其内阁也必须辞职，由国会重新在席位居多数的党派中产生新的首脑与内阁。首脑和全体内阁成员一般也是从议会的议员中产生，并在任职后保留议会中的议席。

当多数党的席次不过半数时，几个少数党也可通过建立同盟积聚过半议席，从而获得任命政府首脑的权力，此时的政府称为联合政府，内阁称为联合内阁，其首脑受议会的制约较大。

在很多国家，议会可通过不信任投票罢免内阁或内阁成员，而政府首脑也可以解散议会，经过向国家元首礼貌性报告后，由元首下令重新举行国会选举。

在采用这种政治体制的国家中，立法体系与行政体系（或称立法机关与行政机关）并不完全分立，而政府首脑与国家元首（head of state，君主或是总统）则分开。在大多数内阁制国家中，国家元首是象征性的职位，通常不享有实际的行政权，只拥有些无关政局的权力，例如公务员任命权与签署法令，接受外国使节等。不过国家元首也会保留一些在紧急状态中可以使用的特别权力，但是大多数情况下是在得到政府首脑支持后才会得到实行。国家元首的命令必须经由政府首脑的副署才能生效，元首依法不能自行发布政令。

这种体制甚至可以被用于地方政府中，如美、英、德等国的州、郡、邦政府。

内阁制和总统制都属于议会民主制。现代意义上的议会民主制可追溯到18世纪的英国，虽然同一时期的瑞典也已经拥有类似的政治制度，但其影响力较小。1714年，英国理论上还是应由国王主持内阁，挑选阁员。但因当时的国王乔治一世不会说英语，使得内阁中一名大臣能够负责主持内阁会议，逐渐就发展出首相一职。随着民主程度的提高，议会权力的增大，议会开始控制政府，并最终能够决定国王必须任命谁来组建内阁。

威斯敏斯特（英国政府所在地）体系由此发展出来，行政体系必须向立法体系负责，政府首脑以国家元首的名义行使职权。这种体系在原来的英国殖民地中颇为流行，例如澳洲、新西兰、加拿大、南非、爱尔兰共和国等。不过这些国家也不是完全照搬英国的制度，例如澳洲的参议院更接近于美国的参议院，而不是英国的上议院，而新西兰则废除了上议院。

议会民主制在欧洲大陆的传播主要是在第一次世界大战之后，战胜的民主国家英国和法国向战败国输出了自己的民主政治体系，例如德国威玛共和国和奥地利就是在此时采用了议会民主制。早在19世纪欧洲左派政治力量的活跃已经为这些国家的民主化和议会民主制做好了准备。一战后，这种民主化运动也被视为是抵抗具有广泛群众基础的极端政治势力的手段之一，也因此，议会民主制遭到右翼政治势力和许多群众的抵制。

议会民主制在欧洲大陆遭遇到的另一个挑战是小党执政所带来的政治不稳定和极端政党的上台。各政党间的不合作导致了所谓“少数议会民主制”的产生，小党执政往往导致政府遭到议会频繁的不信任投票，从而引起一波又一波的政治危机。在一战后的欧洲，由于这种议会民主制初次尝试的失败，在很多国家引起极端势力通过民主体制取得政权，却可逃避民主制度的制约，例如1922年墨索里尼在意大利的上台，和1933年希特勒在德国的执政，以及同一时期在西班牙得到国王支持的独裁统治。

欧洲的议会民主制真正成熟是在第二次世界大战之后。目前除了法国采用总统制与内阁制相混合的体制（学理上称为双首长制）外，大多数西欧国家都采用内阁制。1990 年东欧社会主义国家改制后，则多倾向于使用直选元首下的双首长制。

内阁制的优点主要是①政府首长（首相/总理）由立法机构最大政党的党魁出任，以确保政府的政策在立法机构得到支持。②行政和立法机构有联系，可提高政府效率。③虽然任期不限，但立法机构可随时罢免不称职的政府首长。内阁制的缺点也与其优点相伴，主要是立法与行政合一，对行政权力的制衡力度不强。当年法西斯主义者正是钻了这一空子。

实行内阁制的政权主要有英国、大多数欧洲国家（如德国、意大利、荷兰、比利时、北欧等）、日本、加拿大、澳洲、新西兰、以色列、新加坡、马来西亚、泰国、印度、土耳其、大部分前东欧国家（如波兰、捷克、匈牙利等）、波罗的海三国和牙买加等。

二　内阁制国家的新闻媒介

内阁制国家的经济模式和媒介体制也有几种。一是英国式的市场主导型。与美国为代表的总统制国家相似，注重效率，注重机会平等而不是结果平等，贫富差距较大。“二战”以后报业机构和通讯社是私有的。广播电视机构在英国则起初是私有的，1927 年以后公有，1955 年第一家私有电视台开播，1973 年私有电台开播，但一个地区只准有一个，经营上也严格控制，直到 1992 年才全面开放私有，形成公私并举、各占半壁江山格局。

二是过去法国式的国家主导型。法国在“二战”以后报业机构基本是私有的，但政府实行有选择的补贴、抑制资本集中等措施。通讯社“法新社”起初是国有的，1957 年改为公有，但仍与政府关系密切；广播电视起初全部是国有的，1964 年起建立公营体系。但法国在 1982 年开放私有广播，1984 年开放私有电视，1987 年公有的电视一台卖给私有公司，已形成公私平衡的格局。

三是斯堪的纳维亚国家式的社会民主主义型，高福利，高税收，贫富差距相对较小，效率也相对较低。目前报刊私有的为主，广播电视公私并举。

四是日本式的政府与企业合作型，目前日本报刊基本是私有的，广播电视公私并举，但其公有广电机构 NHK 与政府的关系比英美紧密。

第十四章　新闻媒介与当今中国现代化

第一节　现代化和当今中国新闻媒介

一　现代化与新闻媒介

现代化是全方位的变化，政治、经济、文化、社会的全面进步，包括政治的民主化、经济的健康化、思想的科学化、文化的普及化、社会的公平化，以及人的发展等一系列内容。

“现代化”是动态的概念，是向现代社会的先进水平不断靠拢，其内容与标准随着现代社会的发展而不断丰富和提升。工业化时代强调电气化、城市化程度，信息化时代仍要电气化、城市化，但已不是程度越高越好，而要有节能环保省电指标，自然保护指标，甚至还要有“乡村，让生活更美好”指标。

现代化的标准可有定性的和定量的，除了工业化、信息化、集约化、竞争力等经济目标和指标，还包括社会方面的治安状况、权利保障程度、机会均等程度、恩格尔系数、基尼系数、管理机构开支、高等教育普及率、新闻媒介普及率、医疗条件和健康状况、宏观管理开支、犯罪率等等。要尽可能把这些目标量化为具体指标。

新闻媒介推动、促进社会的现代化，反过来，社会的现代化又要求和引领新闻媒介的现代化，引领新闻媒介的总体定位、媒介设计、产业设计、体制设计和媒介内容。于是新闻媒介成为现代化的重要标志和动力。

二　当今中国新闻媒介的特点

当今中国的新闻媒介主要有以下特点：

（1）共产党领导、马克思主义指导；国有党管的传媒为主体。

（2）以人民为中心，党性和人民性相统一，做党和人民的耳目喉舌。

（3）正面宣传为主，舆论引导为重，在此前提下开展批评。

（4）社会效益为主，经济效益为辅。

（5）新闻和时事评论为主的传统媒体机构都是事业单位，以保障社会效益；但也实行企业化管理，以提高工作效率和经济效益。两者优势互补，也会弊病共存。

2011 年美国债务危机闹得沸沸扬扬时，中国一位保姆大妈问“为什么这几天电视里老是有奥巴马，他很好?”

虽然问得有点雷人，但却真实反映了两国新闻媒介的长期影响。在美国坏消息是好新闻，因此没新闻就是好消息。负面新闻比正面新闻和中性新闻的总和还要多。在中国，过去很长一段时期里坏消息不是新闻，只有好消息才是新闻。

这反映了新闻媒介在不同社会里的不同地位和作用。在美国，新闻媒介主要是新闻和意见的传播交流平台，主要被期望帮助人们瞭望社会、监督权力，而媒介宣传是贬义词，尽管也不免有各种各样的政治宣传。在中国，新闻媒介主要被用于宣传、指导和舆论引导。这是共产党领导国家的需要，也是第三世界国家凝聚人心、发展各项事业的需要，然而同时，又不能忽视新闻媒介多种功能的发挥。

媒介即讯息。中美新闻媒介的不同，反映了中美社会的不同。现今中国新闻媒介与过去的不同，也反映了现今中国社会与过去的不同。

第二节　现代化促进当今中国新闻改革

一　现代化呼唤新闻改革

改革开放和现代化发展，需要新闻媒介的保障和促进作用。我国新闻媒介已有很大的成就和发展基础，给中国的现代化提供了全面支持，然而仍有所不足，需新的改革与发展来解决。包括信息传递的欠缺、社会瞭望功能的不足；意见交流的欠缺、公共空间功能的不足；宣传效果不甚理想、还往往产生副作用；舆论监督软弱和缺位，尤其是对权力的监督。新闻媒介的地区分割、行业分割严重，产业发展难符合经济规律；外部管理的“人治”普遍，规范化、法制化不够；对外传播力、国际影响力不强，与我国的大国地位不相称。

数字化、全球化给中国新闻传媒带来了新的机遇和挑战，包括传统媒体老年化，主流媒体边缘化，国际竞争国内化等问题。我们许多网民获取新闻和观点的首选网站，不是功能强大、实力雄厚、有政策扶持、有大量第一手重要新闻和评论的传统媒体所办网站，而是连记者证也没有的商业性网站，甚至去从境外网站看中国新闻。2012 年深圳的 GDP 是上海的 2/3，而广播电视的广告总收入却只有上海的 1/3，其中电视收入不到上海的 1/3。主要原因在于深圳能收看到许多境外电视，预示着中国传媒在越境传播日益容易的数字化、移动化时代，将会遇到日益严峻的国际竞争挑战。

在国际上，我们的新闻媒介还影响很有限，不足以支持“让世界了解中国，让中国走向世界”的使命。

二 新闻改革深入进行的路径

要根据中外经验和教训，社会目标和指标，媒介功能和作用，媒体融合、传播融合、行业融合的现状和趋势，设立多维度、多层面的新闻改革和发展目标及实现方法，从机构、市场、体制、管理等多方面采取措施。包括媒介目标、内容目标、效率目标、效力目标；这些目标之下的更具体目标，如媒介消费水平目标，媒介的信息传递、意见交流、宣传引导、舆论监督等目标，媒介机构的生产率、竞争力等目标，媒介的公信力、吸引力、传播力、影响力目标，以及国际传播方面的目标。进而根据这些目标采用相应的方法。

体制和管理要科学化、规范化、法制化，一方面防止一管就死、一放就乱，另一方面改变人治过宽、过滥，严格遵守、具体落实宪法的有关规定，建立科学的政策法规制定和执行程序，包括征求专家学者和社会公众的意见——这在经济和公共服务领域已不言而喻，而在传媒领域则仍需呼吁。

机构方面，事业性为主的要保障公益性传播，也要借鉴现代企业制度、实施科学化的经营和管理。经营性为主的要实行现代企业制度，责、权、利紧密结合，优胜劣汰，也要进行有益的传播、承担社会责任。

市场方面，要建立起统一、有序、高效的媒介市场和传媒产权市场，实现传播资源的合理配置与充分利用，传媒数量、质量和竞争力的充分提高。为此要破除地区、行业的分割和垄断，健全市场管理体系，保障公平、公开、公正的竞争。

三 体制的改革和发展是根本保障

新闻和媒介体制就是关于新闻和传播媒介及其机构的权属、运行和管理的体例制度。权属包括所有权、占有权、使用权分别属于谁或谁占多大比重的问题；运行包括按公共物品制作派送、行政化运营和按私人物品生产销售、市场化运营；

管理包括媒介机构内部的管理和外部的社会管理控制——内部的机关化管理或企业化管理，外部的计划管理和市场管理、法制管理和党政管理，内外部的媒体及其机构的设立管理和运行管理、人事管理和经济管理，内容管理和传播管理等。

在现代社会，媒介体制一般在宪法、法律、行政法规、行政规章、地方法规等法的形式中确定下来，强制实行，对媒介的品种、内容、质量和效益、变化和发展，都有决定性作用。

在新媒体、移动传播时代，大众媒介与人际传播、群体传播媒介日益融合，大众媒介的体制也与其他媒介的体制密切关联，有关法制也从报刊法、出版法、新闻法、大众传播法，发展到涵盖更广的传播法。

社会的其他规范，包括政策、道德、习俗、专业要求等，也影响和制约着媒介体制。从深层看，政治体制、媒介体制都受到经济、文化和社会背景，包括社会思想和传媒理论的影响。

媒介体制也应是发展的，随着思想认识、社会需求、环境条件、科学技术的发展而发展变化、与时俱进的。从体制供求来看，当某种体制变化的社会、经济效益可大于成本时，就可以进行体制创新。

尾声

媒介与国际社会

国际社会的状况既受制于、又影响着国际关系及有关各方。全球化使国际社会、国际关系日益重要。新闻媒介影响国际沟通和国际舆论，又是国家软实力的组成部分。要建立良好的国际传播秩序，改善国际关系。要通过新闻媒介增进国际互信，并让世界了解中国，让中国走向世界。

第十五章　传播媒介与国际社会

第一节　传播媒介与国际关系

一　当代国际关系

国际社会就是世界政治、经济体系中各行为主体构成的共同体，主要成员为国家、地区和国际组织，如联合国、世贸组织、欧盟、东盟、亚太经贸合作组织、石油输出国组织 OPEC 等。国际关系（International Relations）就是国际社会中各行为主体之间的关系，包括政治、经济、军事、社会等等关系。国际关系问题涉及国家和地区之间的关系，政府间国际组织，非政府国际组织，跨国公司等。

1. 基本背景

国际社会和国际关系在各行为主体的矛盾与合作中不断变化发展。“二战”结束后进入以美国为首的资本主义国家和苏联为首的社会主义国家两大阵营对峙的冷战时期。

1953 年底，周恩来总理在访问印度时提出和平共处等五项原则。1955 年 4 月，在印度尼西亚万隆市举行有 29 个国家和地区参加的反对殖民主义，推动亚非各国民族独立的会议。又称第一次亚非会议，发表了《关于促进世界和平与合作的宣言》，其中包括了 1954 年由中国、印度和缅甸三国共同倡导的和平共处五项原则的主要内容，即：尊重主权和领土完整、互不侵犯、互不干涉内政、平等互利、和平共处。但此时“冷战”仍在继续升级，美苏军备竞赛仍在不断加剧。

60 年代“冷战”走向顶峰和转折。拐点是 1962 年的古巴导弹危机（Cuban Missile Crisis，又称加勒比海导弹危机）。事件的起因是，美国在土耳其、意大利和西德部署了对准苏联的导弹，苏联在紧邻美国的古巴部署导弹，美国反应强烈，核战争一触即发，最后苏联不得不撤走导弹。这个事件使双方都清楚地看到了迫在眉睫的核战争危险，双方都能毁灭对方上百次，不得不有所节制，形成核阴影笼罩下的平衡。1963 年美苏开始核谈判，达成的第一项条约，是这年 7 月签署的禁止除地下试验以外的一切核试验。此后一边继续核竞赛，开发出了中子弹、多弹头导弹等战术核武器，一边继续核谈判，双方同时减少战略核弹头，并且必须是可以被检查的。

中国于 1964 年 10 月成功爆炸了第一颗原子弹，同时立即宣布中国发展核武器纯粹是防御性的，不首先使用核武器，不对无核国家使用核武器，不扩散核武器，主张世界上拥有核武器的国家全面彻底销毁核武器。

70 年代开始，世界的主题逐渐走向和平与发展。和平不等于天下太平，战争的威胁仍然存在，备战仍在进行，但国际社会的主潮已从世界大战随时可能爆发，逐步进入维护和平与发展经济。1974 年毛泽东公开提出新的三个世界的理论，被国际社会普遍接受。国际社会的问题主要是东西关系问题和南北关系问题。前者主要是意识形态矛盾问题，后者主要是贫富差距问题。1974 年第六届联合国特别大会通过了《建立新的国际经济秩序宣言》和《行动纲领》，标志着南北关系问题被正式提上了国际议事日程。

80 年代东西方都进行改革，对国际形势的正确判断使我们做出了百万大裁军的决定，既节省了国家的资源，又赢得了国际声誉；也使我们从备战备荒、发展“三线”建设转向对外开放、发展沿海经济。

90 年代初苏联东欧剧变，世界进入北约东扩、政治多极化、经济一体化时期。

2. 新世纪以来

世纪之交往往是大变革之时，21 世纪初，世界进入新的大发展、大变革、大调整。

大发展主要是在第三世界，尤其是几个大的新兴经济体、俗称“金砖国家”（最初称“金砖四国”，因为巴西、俄罗斯、印度、中国的英文首字母 BRIC 与砖 Brick 类似。后来又加入南非，英文缩略词变为“BRICS”，故改称为“金砖国家”）。

大变革主要是在传统社会主义国家，如中国的深化改革，苏联东欧的深入变革，也包括突尼斯等其他国家的“颜色革命”，从“去规制”到重新规制。2011 年以来的主权债务危机也会带来很大的变革。

大调整包括国际政治格局和政治关系，经济格局和经济关系。大调整很大程度上是由于大发展和大变革，如“金砖国家”的崛起之于世界经济格局，苏联东欧的变革之于国际政治格局，如利比亚的变局之于相关国家的国际关系。2008 年以来，国际社会的和平与发展主题增加了新问题：危机。西方陷入金融、经济和债务危机，拖累整个世界。世界经济主导从 G7（Grand seven，美、英、德、法、意、日、加）、G8（加上俄国）进入 G20 时代。2011 年世界最大经济体前六位成了美、中、日、德、法、巴（巴西），英国第一次被挤出前六位，同时欧洲发达国家第一次不得不向属于第三世界的国家寻求援助。

核武器扩散的阴影依然存在。边界问题、民族问题、“文明的冲突”（宗教等意识形态冲突）问题仍影响着一些国家和地区。世界又面临一系列新问题，包括危机转移、贸易保护、节能环保、疾病防控、南极开发等等，涉及国际社会的共同利益和国际关系各方利益。

3. 国际上的中国

从东西关系看，中国是仅有的几个社会主义国家之一。从南北关系看，中国在 1978 年还是世界上最贫穷的国家之一，改革开放以后的 30 余年，国内生产总值 GDP 以年均 10% 左右的速度增长，2001 年加入世界贸易组织后的十年内，GDP 从 2001 年的将近 11 万亿元，增长到了 2011 年的 43 万亿元以上，超过世界第三大经济体日本约 20%。按照中国和美国目前的 GDP 增长态势，中国的经济总量将在 2018 年超过美国。

但从人均看，GDP 尚在世界各国的中位，不是中等，而是仍在塔形的下部，而且还有经济结构不合理、贫富差距大、管理体系成本高等问题有待解决。

在国际事务中，中国一方面积极争取在世界上的话语权，参与制定新的“游戏规则”，另一方面“韬光养晦”，尽力发展自己。中国提出和谐理念，在国内倡导和谐社会，在国际倡导和谐世界。

从哲学层面看，和是合理，股市大盘，超涨必跌，超跌必涨，归于和。和是必然，商品大宗，暴利必降，微利必升，归于和。和是趋势，天下大势，合久必分、分久必合，归于和，也即和平共处，或者你中有我、我中有你。和为贵不是事事讲和、无原则的妥协，为了保卫和平，还要把侵略者消灭干净，和为贵是不过于极端、各方面恰到好处为上。

二　传播媒介影响国际关系

国际关系的处理、国际问题的解决，上策是通过相互了解，相互理解，在此基础上谈判协商，求同存异。相互了解和理解需要相互沟通，需要传播媒介合理、充分地发挥作用。

新闻媒介可以通过真实、全面的报道，客观、公正的评论，帮助人们相互了解与理解，也可以通过不实、片面的报道，主观、偏误的评论，增加人们的隔阂与误解。

不幸的是，由于传者的利益和意识形态偏见的左右，许多媒介传播起了后一种作用。如1898年美西（美国与西班牙）战争前美国报纸的挑拨，1991年海湾战争前美国电视的煽动。2011年英国BBC推出系列纪录片《中国人来了》，指责中国人在非洲大肆购买原材料，无视当地经济和生态发展。这种敌视中国的主观臆测性报道严重顺害了中国的国际形象和与非洲有关国家的关系。

美联社在全球有上万家传媒机构订户。2001年中国正式加入世界贸易组织那天，美联社发出的报道在第一段导语中说：世贸组织大会今天通过了中国加入的决议。会场外面示威抗议者与警察发生了冲突。这两句话都是事实，可以说是客观报道，然而把这两句话放在一起作为导语，给人的印象是示威抗议者对中国加入世贸组织不满，这却是与事实大相径庭的。实际上，每次世贸组织大会的会场外，一般都有示威抗议者，对经济全球化使他们遭受损失表示不满。这次与警察发生冲突，是他们要冲击象征着经济全球化的麦当劳餐厅。美联社的这篇报道又用大量篇幅，描述中国为加入世贸组织进行了长期的、多次的努力，一次次遭挫，似乎这次给中国占了多大的便宜，却避而不谈这是互利多赢、值得庆贺的事（否则世贸组织大会也不会通过决议），而对示威抗议者与警察冲突的实际情况只在报道的结尾处提及——按照客观报道的规范，不作任何交代是不行的。

三　传播媒介与人类命运共同体建设

社会就是人们相互关联的共同体，国际社会就是有关成员的共同体，全球化把国际社会化为人类命运的共同体。它曾经四分五裂，至今仍有许多裂痕，有的还在扩大，急需各种力量积极维护建设，包括传播媒介。

1. 人类命运共同体的三个阶段

人类社会的发展过程中，小范围的问题不断让位于更大范围的问题，从个人、家族（部落），到阶级、民族、国家集团、人类。现在全人类共同面临的问题已很严峻，包括核战危险、环境污染、气候升温、基因技术和人工智能会带来的威胁。然而大多数人的思维总是停留在老问题时代，只关注、谋求较小范围的利益，使其他人也不得不与其相争。于是国际社会的发展阶段必然是：1. 你死我活，负和对抗→2. 和平竞赛，零和博弈→3. 分头探索，正和互补。

你死我活的对抗阶段一直延续到第二次世界大战后、美苏为首两大阵营的“冷战”时期。向第二个阶段的转折始于 1955 年的“万隆会议”，提出处理国际关系的十项原则，其中包含中国等倡导的和平共处五项原则，这些原则成为国际上公认的处理国家关系的基础。但是第一阶段的影响仍在延续，只是由于军备竞赛达到了摧毁对方意味着毁灭自己、这样的核战争又已经一触即发，不得不冷静下来，转向和平竞赛的博弈阶段，直至现在。

实际上，各个国家的发展，都是对人类的贡献，且都是一种探索，可以给人类提供经验和教训。应允许、帮助分头探索，以求正和互补效应。中国要这样看待别国的做法，别国也要这样看待中国和其他国家。人类经过反复是错，应聪明起来，走向第 3 阶段。

然而至今还远远没有进入理想状态，甚至还时有退回到第一阶段的冲动。

2. 以新闻媒介增进理解互信，合作共赢

国际社会的各个主体成员都有自己的利益，会千方百计维护、扩大自己的利益，包括利用新闻媒介。上述第一个阶段中，新闻媒介用片面的信息和观点，甚至不惜用造谣和诽谤，歪曲、贬损、限制、打压对方。在第二个阶段中，也用各种手段，否定、遏制对方，夸耀、抬升自己，以求在竞赛中胜出。这加深了相互隔阂、猜疑、防范，造成巨大的成本，乃至相互毁灭的威胁，如、技术封锁、军备竞赛、地区冲突，乃至核战的危险。

败也萧何、成也萧何，可以通过新闻媒介的信息沟通、意见交流作用，增进国际成员之间的相互了解、相互理解，取长补短、求同化异，互谅互信、合作共赢。

国有、公有、私有的媒体，传统媒体和新媒体，在这方面各有长短，需通过优势互补，降低片面、错误内容的影响，增进国际交流沟通。

第二节　传播媒介与国际信任

信任是人际关系的重要基础，也是国际关系的重要基础，堪称国际社会的黏合剂。国际信任又是很难建立、很容易失去的稀缺、易碎品。缺乏国际信任会带来巨大的成本，乃至灾难。价值观差异，过左和过右，是造成国际信任缺失的根本问题，其中也有媒介因素。缺乏透明度、友善度，更是传播媒介的责任。媒介本身的可信度、公信力，则不仅关系到传播的有效性，还影响到人们对有关传者及其管理控制机构乃至有关国家的信任。国际传播要增进人类意识，弘扬共同价值；提高国际公信力，破除“敌意媒体”魔咒。还要调动全民力量，以正祛邪，并对移动传播趋利避害。

一 国际信任的影响因素

1. 信任者和信任对象的因素

国际信任的信任者和信任对象包括个人、组织和机构、国家和地区，他们往往差异较大，了解较少。

信任者是社会信任的主体，他们对信任对象的认同度、友善度、偏见和敌意程度，都直接影响到信任的质量和程度。

不同身份、经历和环境中的信任者，对同样的人和事物会有很不同的信任。与信任对象差异越大，对信任对象了解越少，就越不容易信任。

同时，社会信任往往受到个别人（尤其是公众人物）和事的影响，如“一粒老鼠屎，坏了一锅汤”的现象。信任者与信任对象差异越大，了解越少，就越容易受到过度的影响。

从信任对象来看，其被信任的程度主要取决于其值得信任的程度，包括其品质（往往表现为美誉度）、友善度、透明度（有关信息的质和量）。与信任者差异越大，相互越不了解，就越容易产生误解，越需要提高透明度。

缺乏国际信任的原因中，信任者与信任对象的文化差异、冲突是根本性的，最深层的是其中的信仰和价值观的矛盾冲突，进而影响到相互的认同，乃至形成很大的偏见和敌意。

2020 年 7 月 14 日，美国总统特朗普在白宫的一场演讲中说：我们说服了很多国家，不要使用华为，因为我们认为华为是一个巨大的安全风险。

就经济而言，华为公司的业务对美国也是有利的，所以才有许多与美国企业的合作，特朗普要与很多国家联手防范的，显然是指大得多的风险。说到底，就是对中国不信任。

2020 年 6 月 19 日，美国国务卿蓬佩奥从美国加州连线参加“哥本哈根民主峰会”，赞扬“资本主义民主”，指责中国的“人权、自由”等，呼吁欧洲国家捍卫民主，应对“中国挑战”，这显然是在把差异推向冲突。

文化冲突是对地球村的破坏，是对人类共同命运增加负能。古人的文化冲突用的射程只有几十米远的弓箭，今后的冲突会用射程为几十、几百、几千公里的导弹、原子弹，杀伤力堪比文化、文明的粉碎机。[①]

有不同历史背景和社会制度的国家，必然会有文化和价值观的不同，即使是欧美之间，也并非完全相同的。然而同时，文化是可以传播交流、互鉴交融的，不同的国家也会有相同或相似的价值观，即使是中国与西方之间也是如此，如中国古已有之的和、爱、忍（peace，love and toleration）等理念，近现代以来追求的民主、自由、文明、法治，都与西方相通。还是应在和平共处原则的基础上，求同存异，聚同化异。中国在国际上倡导建设和谐世界、人类命运共同体，既有利于国际互信，也有利于中国的国家形象和获得国际信任。

意识形态问题也表现为左和右的问题，其中既有极左和极右的不同，也有偏左和偏右的差异。在世界上，左是更强调平等，更需要政府干预社会，乃至主张社会主义。在贫困者较多的宝塔型社会中，大多数人的生活水平在社会平均线以下，左较能得到支持。右则更强调自由，通过自由竞争优胜劣汰，希望权力干预尽可能少。具有资源优势、能力优势者容易支持右。在这样的人较多、中产阶级占比较大的橄榄型社会中，右较能得到支持。

然而物极必反。过左会降低效率，保护落后，抑制积极性创造性，如绝对平均主义，最终有损大多数人的利益。过右则会贫富差距过大，强者更强弱者更弱，乃至弱肉强食，加剧社会矛盾和冲突。

左的好处较直观，对感性会有较大的冲击；过左的害处则较隐蔽，需用较强的理性来认识。加上左的受益地区和人群，经济水平、文化程度和个人能力较低，思维较简单，因而在这样的地区和人群中容易接受左和过左。

相反，右的合理配置资源、形成竞争激励、提高工作效率等好处，以及带动全面富裕的可能，则较隐蔽，还要有反垄断、税收调节等其他措施配合，需用较强的理性来认识，而过右的弱肉强食等害处则很直观，对感性会有较大的冲击。恰好右的受益者经济水平、文化程度较高，能力和理性较强，因而在这样的地区和人群中，较容易接受右和过右，却会遭到相反人群的激烈反对。

折中的方案是强调机会均等而非结果均等，必要的社会调节而非过于放任，充分发挥市场的功能和更好地发挥政府的作用。

---

① 邓伟志：《论文化交融》，《学术界》2021 年第 1 期。

2. 国际环境和传播媒介的因素

最直接的国际环境是国际政治经济大格局。在美苏为首的两大阵营尖锐对峙的冷战时期，许多国家之间的信任降至冰点，新的世界大战一触即发。此后的世界政治多极化、经济一体化，给国际信任的建立带来了新的需要和可能。然而曾经四分五裂的国际社会至今仍有许多裂痕，有的还在扩大。

国际环境中的文化和意识形态因素则是根本性、长远性的。其中，有的是根本不同，有的是程度问题。全球化虽然降低、消解国家之间的经济壁垒，却对政治和意识形态壁垒并没有多少直接影响，有关的差异，尤其是价值观差异，仍严重妨碍着国际信任，这也阻碍了全球化进程。

传播媒介，尤其是其中的新闻媒介，既影响信任者和信任对象，又影响信任的社会环境——包括社区、组织、熟人、亲友等小环境，政治、经济、文化等大环境（其中也有新闻媒介本身）。人们还会通过新闻媒介，认识其背后的主办主管机构以及影响、控制新闻媒介的社会系统。因此新闻媒介的公信力还会影响到对有关机构乃至社会系统的信任。

市场化的传播媒介要争取获得尽可能多的受众，其内容会倾向于左，以得到更多的受众和广告。这样的媒介更能发展壮大，越来越成为主流，如美国的大众媒介。

移动互联网平台不是内容为王，而是功能为王，其自由和自主的特性，更符合右的理念和需求。那些在大众媒介上难以得到传播的偏右内容，便从移动网络平台发出，如特朗普的微博。

同时，“媒介即讯息”，传播媒介本身的可信度也影响到人们对有关的主办主管机构和社会系统的信任，在国际上，则影响到对有关国家的信任。

在国际信任方面，传播媒介的影响还有其特殊问题。首先，信任者接触本国媒介较多，受其影响较大，而本国媒介的传者对他国的了解较有限，加之本国利益和意识形态的考量，其真实全面客观公正程度会较低，对利益和文化冲突较大的国家更加如此。这就会妨碍信任者建立起了解、理解他国基础上的信任。

况且在国际传播中，各国的官方媒体都为自己的宣传需要而进行传播，不仅很难完全真实全面客观公正，还会制造偏见和敌意。许多国家，尤其是在全球信息和媒介竞争中基本处于守势的第三世界国家，不想让异质文化过多地进入而消解、同化本国的文化，并要阻止对本国不利的媒介宣传，也会在监管上和接受心理上加以防范。

其二，许多人有“非我族类，其心必异”的潜意识，甚至显意识。而在敌意者或被认为是敌意者的媒介上，即使是真实全面客观公正的内容，也会被认为是编造出来的宣传，起不到应有的沟通作用，形成“敌意媒体”魔咒。

二 优化传播和媒介，提升国际互信

针对上述国际信任的问题和媒介因素，需从以下几方面改进国际传播及其媒介。

1. 增进人类意识，弘扬共同价值，反映互助互益

最强的信任是在家人之间。面对大自然，人类社会就是一个共同的家园。放眼宇宙，地球在银河系这个大球场里，不仅没有足球大小，连个乒乓球也不如。人类要构建安全共同体、发展共同体、人文共同体、卫生健康共同体，从不同角度推动文化融合的发展、巩固和壮大。①

传播媒介要积极增进人类意识，站在人类命运共同体的立场反映事实，判断是非，超越民族主义。如果说民族矛盾大于阶级矛盾，那么在人与自然的矛盾面前，什么都不是。应呼吁：全人类联合起来，为和谐大同世界而奋斗！

媒介还要积极弘扬人类共同价值，帮助国际社会从价值观到实际利益都求同存异乃至化异，既防过左，又防过右。

在现代社会、现代世界，人与人、国与国的相互关联依存度已很高，任何个人和国家，都不能离开其他人和国家而过得很好，都从他人、他国受益良多，也能给他人、他国提供良多。可通过这方面的研究和传播，既扩大互助互益、合作共赢，又增强人类意识和情感。

事实上，人类命运共同体不只是一种倡导，也是一个现实，2019 年新冠病毒应让我们更清楚地看到这一现实，更自觉地坚持和发展一系列共同价值；事实上，国际社会中不仅有差异、冲突，也有许多互助互益。传播媒介要更多地反映这些事实，传播这些价值，创造求同存异、相互信任的条件。

2. 提高国际公信力，破除“敌意媒体”魔咒

国际传播及其媒介需以高度的专业精神和新闻传播水准，树立起可靠、可敬的媒介形象。真话可以不说，假话一定不能说。并且去除宣传画、情绪化，无实际效果、徒增敌意的话不说。

---

① 邓伟志：《论文化交融》，《学术界》2021 年第 1 期。

官方媒体、官方姿态出现的对外传播，效果总体上仍很有限。相对而言，非官方的商业性媒体，不论是出于情怀还是盈利目的，都会较多地从传播对象的需要出发，尽力真实全面客观公正，因而更容易被异国接受。于是，传媒以商业化方式走向国际，才比较容易避开那些非经济因素的障碍。全球化带来的传媒国际化竞争，基本是以商业化内容、形式和媒介运作方式进行的。这是国有传媒为主的国家尤其需要关注的。

3. 调动民间力量，淡化官方色彩

国际传播需调动全社会的力量，通过各种途径，及时提供真实准确、全面完整的内容，化解虚假、片面、错误信息和观点的影响。包括通过各种民间人士和媒介。一般而言，民间的交往、传播较容易得到信任，不易被视作有敌意。

以官方姿态出现的对外传播，不论是由于主观性较强，还是由于其他国家或地区的心里排斥和政府防范，传播效果总体上仍很有限。[①] 相对而言，非官方的商业性媒体，不论是出于情怀还是盈利目的，都会较多地从传播对象的需要出发，尽力真实全面客观公正，较容易绕过其他国家和地区有意和无意的障碍，被境外受众接受。于是，传媒以商业化的方式才容易走向国际。全球化带来的传媒国际竞争，基本是以商业化的内容、形式和媒介运作方式进行的，这是国有传媒为主的国家尤其需要关注的。

美国在境外的传播有官办的美国之音电台，也有商业性机构的《时代周刊》《华尔街日报》、CNN 电视台等，目前在境外的影响，后者显然比前者大得多。

4. 利用好移动传播

移动传播给全民参与国际传播提供了很大便利，现在的数字公共外交（Digital Public Diplomacy，非职业性的传播机构如政府机构、企业、民间组织或个人，借助数字技术，开展、以外国公众为主要对象的对外传播活动。[②]）主要就是通过移动传播。

然而同时，移动传播的碎片化和传者多样复杂，伴随移动传播而来的后真相、意见回音壁、群体极化等问题，也对国际信任有不小的负面影响，各国都应有所认识和防范。要让人们知道国际传播的重要性和对真实准确、客观全面的很高要求，并注意有理、有利、有节，多帮忙，不添乱。

为此，我们面向境内的国际新闻也要提供真实准确、充分全面的信息，让全

---

① 贾文山：《我国国际传播能力建设的十二个怪现象》，全球胜任力研究院网站，2021 - 07 - 28。

② 史安斌、张耀钟：《数字化公共外交：理念、实践与策略的演进》，《青年记者》2020 年 3 月。

民能进行更为切实有效的对外传播，避免片面盲目。

尽管新技术已经使图片和音视频造假很容易，与文字传播相比，人们仍然更相信看到听到的。移动终端的图片和音视频传播既更能被相信，又更能跨越国境。此外，青年人是移动传播最活跃的用户，他们对境外的亲身直接了解较少，现在又很少接触传统新闻媒体，对境外的了解，已主要通过移动终端。国际传播也要注意采用适合于他们的渠道、内容和形式，如视频网站、生活场景、网络语言。

第三节　传播媒介与国家软实力

一　传播媒介承载、打造、提升软实力

1. 何谓国家软实力

国际关系受国家实力的影响和制约。国家实力有硬实力和软实力。前者是指国家的生产力、设施装备等经济、军事、科技实力，后者是指文化、制度、外交政策等吸引力和影响力。

硬实力是通过命令或者收买、使对象按照实力主体的意志行动的能力，在国际关系中，其达到目的代价越来越大。软实力是诉诸情感、理性或信仰，或者说是构筑一种情势，使对象按照实力主体所期望的方式行动的能力，在国际关系中，使受力国以符合实力主体国的倾向和利益的方式，来界定其自己利益和采取行动。可见，软实力是通过吸引而非强制的方式来达到目的的能力，显然成本小、效果大、影响深，有“四两拨千斤”之功。

国家形象是硬实力和软实力的综合体现，对相关国家的国际地位和国际政治、经济、贸易等关系影响很大。国家形象的优化很大程度上要靠软实力。

目前西方国家把民主、自由、平等、人权、人道主义等理念作为他们的专利，纳入他们的软实力，给他们的国家形象贴金。其实这些是人类共同的文明成果，只是在不同的地方有不同的表现。我们反对把在西方的表现作为最高形态，甚至唯一形态，并从西方扩大影响力的需要出发强加给其他地方。应尊重各国的国情和自己的表现形态。然而我们有些人硬是把这些理念作为西方的专利，对中国特色社会主义民主自由等避而不谈、甚至不准谈，更不用说深入研究和作为我们的软实力了。不过中国的和而不同、求同存异、和平共处的理念，和谐世界的倡导，对于提升我国的软实力和国家形象已有很大的帮助。

2. 新闻媒介承载软实力

新闻媒介承载文化和制度、政策等信息，实现软实力内容的吸引力和影响力。也可通过人际传播、群体传播（如孔子学院）实现软实力，要做大做强新闻传媒，提高其传播力、即实现有效传播的力量，[①] 增强软实力的运载能力。

3. 新闻媒介打造、提升软实力

新闻媒介还汇聚、发展、创造了构成软实力的内容。要践行双百方针，解放新闻媒介的生产力和创造力，提升软实力的质量和能量。

还要以商业性媒介实现软实力。未经传播的内容只能是潜在的软实力，新闻媒介以其巨大的传播能量实现着软实力。然而国家政府的传媒越强大，对外宣传意图越明显，其他国家越会防范。

西方虽然也有国家传媒的对外传播，如美国之音 VOA 电台，但其软实力的更大量、更有效的传播渠道，却是商业性媒介，如华尔街日报、《时代》周刊、CNN 电视。这样的媒介更多地从市场、受众的需要和偏好出发，具有更强的渗透力，也较少遇到其他国家及其受众的防范抵御。

二　传播媒介与国家形象

国家形象是国际社会公众对一个国家的客观存在及其行为的主观性认识和综合性评价。国家形象造成人们认识和评价一个国家及其民众的心理预设。正面的国家形象使人愿意用更理解、更亲和、更接纳的方式对待该国及其民众，而负面的国家形象则会使人们对这个国家及其民众的认知和评价带有或多或少、有意无意的排斥性、敌对性和负面刻板印象。在全球化时代，国家形象直接关系到一个国家在国际社会中的生存与发展，以及各国之间的相互理解、尊重和信任。

国家形象是国家软实力的集中体现，一个国家的物质文化、精神文化和制度文化决定了其国家形象的本质特征。国家形象本身也会具有吸引力和影响力，成为一种软实力。

在国家形象的构成中，政府的理念、制度和行为具有决定性作用。各种机构、团体、企业和社会民众也对国家形象的形成有重要作用。国家的历史、文化以及自然和社会环境等也是国家形象的组成部分。一个国家是否开放、自由、民主、富强，该国的社会是否安全、公平、正义，该国的民众是否诚信、正直、善良、

---

① 参见谢金文《移动传播时代的新闻媒介及其传播力探究》，《媒体融合新观察》2020 年第 3 期。

宽容、博大，是国家形象最重要的因素。

传播媒介对这些因素都会有重要影响。在全球化、新媒体时代，国家的国际形象和国内形象之间难以割裂，往往互相参照、相互影响、相互作用，传播媒介对国家形象的最重要作用，是从实质上帮助改进国家，从根本上提升国家形象。

国家形象通过一定的信息传递流通而被感知，传播媒介对此也有重要作用。应以媒介对一个国家及其民众的客观反映为基础，虚假、片面的传播可以骗人一时，而当人们发现真相后，便会转为深度的不相信、不信任，对国家形象起负面作用。

第四节　传播媒介与全球化

一　全球化的概念

全球化是指全球范围内的经济、政治、文化、社会、机构、个人等各种联系，日益广泛、紧密、频繁、直接和方便，社会各方面的全球流动性越来越强。这已成为当今世界的大趋势。

全球化的起源可追溯到1492—1502年间哥伦布从西班牙四次横渡大西洋，发现了美洲大陆，以及1519—1522年麦哲伦船队从西班牙实现环球航行，开辟了新航线，证明了地球是圆的，世界从此进入全球交往时代。

至今的五百年左右时间中，可把前半时期视为“全球化1.0”，很大程度上由劳动力推动。而从18世纪中叶工业革命至20世纪末的“全球化2.0”，则很大程度上由蒸汽船、铁路、电话、计算机等各种硬件推动。20世纪末进入信息、新媒体、第三次工业革命时代，全球化也进一步提速，进入“全球化3.0”。国际政治隔阂、经济壁垒、文化障碍的降低，交通和通讯的快捷方便，跨国经营的迅速发展，使世界经济及政治、文化、科技、社会生活等其他方面的相互影响不断加深，广泛而紧密地联为一体。

二　新闻媒介的全球化

在全球化时代，新闻传媒有了与其他企业相似的全球化条件和动力。与此同时，全球化又给新闻媒介带来特殊的新需求和新条件。包括对国际信息的需求，在异乡对母国信息和文化的需求，做跨国公关广告的需求；受众的国际化兴趣和消费，受众的外语能力、对不同文化的宽容度。数字化又大大方便了传媒的越境传播和跨国经营。

于是跨国传播（包括传送和接收）越来越多。于是和其他企业一样，新闻传媒机构也越来越趋于全球化经营。有些国家放宽了对传媒业集中化的限制，如1996年美国通过新的《电信法》，很大程度上正是着眼于增强本国传媒的国际竞争力，既抵御外来传媒的冲击，又提高向外扩张的能力。

反过来，新闻传媒的全球化也给其他方面的全球化提供了信息交流、文化沟通、国际化经营管理等条件。

三 使新闻媒介国际化、商业化

全球化使新闻传媒的内容、经营和机构，都趋于国际化和商业化。

1. 国际化

传播内容方面，全球化使来自境外的信息和对境外传播的信息增多，许多其他内容也从全球视角进行选择和处理，世界性、人类性内容更多，如关于失业、环保、自然灾害、青少年犯罪等等。

传媒经营方面，国际化主要源于资源和市场的国际化。资源包括境外资金、技术、信息、人才、服务、竞争与合作对象等，市场包括在境外的或来自境外的受众和广告客户。这些都要求采用国际营销的方法。

传媒机构方面，国际化使发展机会更多，同时也使竞争更激烈，进而推动传媒机构更加集团化和跨行业、跨地区发展。

全球化使世界各地的市场日益成为国际市场的一部分，面临来自境外的竞争者。竞争的加剧促使传媒机构提高集团化程度，寻求更大范围的规模化、更高程度的集约化。西方国家感受全球化的影响较早，从20世纪80年代起就出现传媒企业大合并风潮，与此同时，各种形式的合作也使传媒集团的松散层膨胀起来。这种合并、合作与数字化一起，都成为跨媒体、跨地区发展的新条件和新动力。推动印刷、电子、网络媒体的一体化，传媒与电信的一体化，形成更多的跨国性机构和传播，更多的国际性思维和人才。

2. 商业化

全球化不断降低、减少了国家之间的经济壁垒，而对政治和意识形态壁垒则没有多少直接影响。许多国家，尤其是在全球信息和媒介竞争中基本处于守势的第三世界国家，不愿让异质文化过多地进入而消解、同化其本国的文化，并要阻止于本国不利的媒介宣传。传媒只有以商业化的方式走向国际，才比较容易避开那些非经济因素的障碍。因此，全球化带来的传媒国际化竞争，基本是以商业化的内容、形式和经营方式进行的。这使地方性传媒也趋于商业化，以应对竞争。

从积极方面看，商业化可使传媒更关注受众和传播效果，质量上精益求精，不断创新，趋于更快更新更奇，并使那些形式主义、官僚主义严重的国营、公营传媒也不得不有所转变。使传媒机构注重信誉和品牌，让受众在大量的信息和媒介面前青睐自己。

但毕竟，商业化运作是以盈利为主要目的，在社会效益与经济效益面前，是以后者为首选的，由此便不可避免地会带来许多副作用。传媒会过于迎合市场，取悦多数人和广告商，较少关注社会的精英文化、长远利益和难以吸引广告投放的贫穷人群，甚至以低俗和炒作、夸大其词和耸人听闻、推波助澜和无事生非获利。

四　中国对外传播媒介的使命

如果用一句话来简要概括中国对外传播媒介的使命，那就是让世界了解中国、让中国走向世界。

1. 让世界了解中国

在全球化时代，中国的发展日益不能孤立地进行。然而境外对中国的负面印象仍有不少，其中不乏西方媒体的因素，如上述美联社的报道和英国 BBC 的纪录片。

让世界了解中国，有助于纠正对中国的偏见，破除对中国的一律、恐惧、敌视，瓦解对中国的污蔑攻击，增加对中国的理解、认同、支持，以至配合、参与中国的建设。

让世界了解中国很大程度上有赖于大众传播，主要为新闻媒介的传播，现在又日益通过社交媒体，通过人际传播、群体传播。

2. 让中国走向世界

现在中国比以往更需要、也更能够走向世界，并在国际事务中发挥更大作用，与国际社会互利共赢。改革开放以来，中国经济的高速发展主要通过“三驾马车”的拉动：投资、消费、对外经济贸易。随着中国经济水平和人均收入的提高，生产、销售等成本也相应提高，在国际经贸中的成本优势逐渐消失；随着中国社会的老龄化，大量剩余劳动力构成的“人口红利”也相应消失。“走出国门”成为中国经济新的增长点。

而要“让中国走向世界”，则需要新闻媒介的交流沟通作用，全面地反映中国，有效地树立国家、人民、企业、产品等形象。2013 年的一项调查显示，许多国外受众通过新闻媒介，尤其是数字化新媒体，逐渐改变过去认为中国“落后”“封建”“保守”的刻板印象，其中主要经西方媒体了解中国的占 68%，经其他国外媒体的占 10%，剩下 22% 的受众从中国媒体了解中国。外国媒体中的中国信息多数也是源自中国媒体。

中国在对外传播方面有很大的投入，“国家队”就有新华社（包括新华新闻电视网 China Xinhua News Network Corperation，简称 CNC）、中国新闻社、中国国际广播电台、中央电视台的两个频道，多家中文和外文日报和周报，以及众多的新媒体、移动传播平台。国有的各省市主要新闻机构也承担对外传播任务。但总体而言，效果仍不甚理想，在世界上的声音与中国的大国地位很不相称。主要原因有三：一是国外许多地方对本国的官方传媒也不认同；二是对受众的研究、对传播规律的尊重、对实际效果的追求都不够；三是缺乏国际营销意识和能力，难从商业化的途径突破。这些问题有的已被意识到，正在改进途中，如努力根据传播规律讲好中国故事，有的则仍需加强重视。任重而道远，也意味着有志者的广阔空间。

参考文献

Chris Nash, *What is Journalism*? Palgrave Macmillan, London, 2016.

Gavin Ellis, *Trust Ownership and the Future of News*, Palgrave Macmillan, London, 2014.

Graham Meikle, Sherman Young, *Media Convergence: Networked Digital Media in Everyday Life*, Palgrave Macmillan Press, 2012.

Kim Otto, Andreas Kohler, *Trust in Media and Journalism*, Springer VS, wlesbaden, 2018.

Terry Flew, *New media*, edition 4, Oxford University Press, 2014.

[美] The Commission on Freedom of the Press:《一个自由而负责的新闻界》，展江、王征、王涛翻译，中国人民大学出版社 2004 年版。

Yusuf Kalyangojr, David H Mould, *Global Journalism Practice and New Media Performance*, Palgrave Macmillan, London, 2014.

陈力丹主编:《马克思主义新闻观百科全书》，2018 年版。

崔保国主编:《中国传媒产业发展报告》，每年一本。

胡惠林等:《中国文化产业发展指数报告（CCIDI)》，上海人民出版社 2012 年版。

黄苇町:《苏共亡党十年祭》，江西高校出版社 2013 年版。

匡文波:《新媒体理论与技术》，中国人民大学出版社 2014 年版。

刘建明:《当代西方新闻理论》，中国人民大学出版社 2015 年版。

栾轶玫:《融媒体传播》，中国金融出版社 2014 年版。

牛静:《全球媒体伦理规范译评》，社会科学文献出版社 2018 年版。

彭兰:《社会化媒体：理论与实践解析》，中国人民大学出版社 2015 年版。

人民网研究院:《2014 中国媒体移动传播指数报告》，人民网。

唐绪军、黄楚新主编:《新媒体蓝皮书：中国新媒体发展报告》，每年一本。
魏永征、张鸿霞主编:《大众传播法学》，法律出版社 2007 年版。
谢金文:《新闻传播新探——移动时代的新闻理论与实践》，上海交通大学出版社 2018 年版。
谢金文:《新闻学三维新论》，上海交通大学出版社 2016 年版。
谢金文:《新闻学通论》，上海交通大学出版社 2019 年版。
谢金文:《中国传媒产业概论》第二版，上海交通大学出版社 2019 年版。
谢金文:《中外新闻传播史纲要》，北京大学出版社 2013 年版。
新华社新媒体中心:《中国新兴媒体融合发展报告》，每年一本。
新华社新闻研究所编:《邓小平论新闻宣传》，新华出版社 1998 年版。
于立宏、孔令丞:《产业经济学》，2017 年版。
张琢、马福云:《发展社会学（增订版)》，中国社会科学出版社 2010 年版。
中共中央党校马克思主义理论教研部、中国马克思主义研究基金会编:《马克思主义关于人的学说》，人民出版社 2011 年版。
中国互联网络信息中心（CNNIC):《中国互联网络发展状况统计报告》，每年两次。
中国记协:《中国新闻事业发展报告》，2014 年以来每年一次。
中国社会科学院新闻研究所:《中国共产党新闻工作文献汇编》，新华出版社 1980 年版。
中国社科院新闻研究所编:《马克思恩格斯论新闻》，新华出版社 1985 年版。
中央文献研究室和新华社编:《毛泽东新闻工作文选》，新华出版社 1983 年版。
周叔莲:《中国企业集团研究》，济南出版社 1996 年版。

关键词索引

Y

Z

后　记

传播媒介除了常被用于宣传，还有信息传递、意见交流、舆论监督等重要作用，能否真实全面客观公正地传递信息、反映世界，能否做好意见交流平台、舆论监督工具，直接关系到人们的主观世界能否符合客观世界，关系到民情民意能否得到足够的反映表达，民智民慧能否得到足够的开发利用，公民权利、民主政治能否得到足够的实现。

要以社会发展目标引领传播媒介。不同的社会发展途径有不同的长处和问题，其中的新闻媒介也有不同的地位和作用。国外的新闻媒介及其与社会的关系与我国的有不同的国情背景，但仍有可借鉴之处。

传播媒介与国际关系、国家软实力也密切相关，值得全球化时代的人们格外关注。

上述想法是本书的核心，也是我开设面向全校的《新闻媒介与社会》课程的主要动因。十年来教学相长，对有关问题的认识和表述不断有补充和更新。因此本书既是专著，又可用于教学。

感谢参加编写并帮助搜集整理材料和校勘文字的中国新闻社杨明静以及我的助教陈玉珑、王珏瑶、龙慧君和博士生董开栋、卢垚、王健美、邹霞。书中借鉴了不少人的研究成果，见页脚的注释和书尾的参考文献，兹一并致谢。

谢金文

2021 年 5 月